100억을 잃고
배움으로 다시 살았다

100억을 잃고 배움으로 다시 살았다
상실의 끝에서 마주한 새로운 삶

초판 1쇄 발행 2025년 11월 21일

지은이 정현경
펴낸이 장길수
펴낸곳 지식과감성#
출판등록 제2012-000081호

교정 김지원
디자인 정윤솔
편집 정윤솔
검수 주경민, 이현
마케팅 김윤길

주소 서울시 금천구 빛꽃로298 대륭포스트타워6차 1212호
전화 070-4651-3730~4
팩스 070-4325-7006
이메일 ksbookup@naver.com
홈페이지 www.knsbookup.com

ISBN 979-11-392-2911-0(03190)
값 17,000원

- 이 책의 판권은 지은이에게 있습니다.
- 이 책 내용의 전부 또는 일부를 재사용하려면 반드시 지은이의 서면 동의를 받아야 합니다.
- 잘못된 책은 구입하신 곳에서 바꾸어 드립니다.

지식과감성#
홈페이지 바로가기

100억을 잃고 배움으로 다시 살았다

— 상실의 끝에서 마주한 새로운 삶 —

정현경 지음

"죽음을 생각했던 그날, 나는 책을 폈다."

파산, 상실, 좌절…
그리고 마지막으로 붙잡은 희망 하나

목차

프롤로그
"죽음을 생각했던 그날, 나는 책을 폈다"   10

1장   인생의 바닥에서 마주한 나

1. 믿음의 무게와 보이지 않는 균열   17
    일은 활력, 공부는 쉼표   17
    삶을 설계하는 조율자의 착각   20
    성공 뒤에 숨어 있던 틈   23

2. 무너짐 끝에서 드러난 진실   25
    침몰의 날, 사라진 100억   25
    믿음이 만든 균열, 외면이 키운 상실   27
    한 줄 뉴스에 삼킨 인생   30

3. 신뢰의 붕괴에 마주한 무게   33
    금이 간 유리 위의 신뢰   33
    떠남의 이유와 남겨진 질문   35
    깨진 믿음의 그림자   38

2장 무너짐의 끝에서 발견한 삶의 불씨

1. 내적 무너짐과 다시 살아나는 힘   43
    상처 위의 두 번째 시작   43
    도망치지 않은 선택   46
    사라질 수 없었던 이유   49

2. 오늘을 살아내는 책임   52
    끝까지 지키려는 다짐   52
    하루를 붙드는 작은 의지   56
    사라진 신뢰와 남겨진 하루   58

3. 책이 불러낸 전환의 순간   61
    주저함을 넘어선 결심   61
    책 한 권에서 시작된 불씨   63
    조용한 활자 속의 변화   66

3장 공부는 내 인생의 리셋 버튼이었다

1. 정답 없이, 시작부터 흔들렸다   71
    살기 위한 피난처에 찾아온 기회   71
    시스템 밖에서의 공부   73
    절박함이 만든 첫걸음   77

2. 현실을 바꾸지 못해도 나를 바꾼 시간   79
    누구도 몰랐지만, 다시 걷는 걸음   79
    흔들림과 저항의 시간   81
    보이기 시작한 방향   84

3. 다시 흘러가기 시작한 인생   87
    하루하루 다시 살아가기   87
    리셋 버튼의 순간   89
    과거에서 미래로의 전환   91

4장 지식보다 나를 변화시킨 것들

1. 배움을 위해 걸었던 모든 것   97
    겸손이라는 자기부정   97
    끝까지 가보려는 결심   100
    죽음 앞에서도 멈추지 않은 공부   102

2. 학문이 비춘 나의 얼굴　　　　　　　　　　105
　무지를 인정하는 용기　　　　　　　　　　105
　빠름보다 깊음　　　　　　　　　　　　　108
　지식보다 인내의 싸움　　　　　　　　　　111

3. 몰입이 만든 변화　　　　　　　　　　　114
　몰입의 힘　　　　　　　　　　　　　　　114
　패배자에서 도전자로　　　　　　　　　　117
　몰입이 이끈 두 번째 인생　　　　　　　　119

5장　나이도 실패도 무기 삼아라

1. 논문보다 두려웠던 나 자신　　　　　　　125
　논문 앞에서의 배움　　　　　　　　　　　125
　책임이 남긴 변화　　　　　　　　　　　　128
　함께였기에 도달한 길　　　　　　　　　　130

2. 전환점이 된 만남　　　　　　　　　　　132
　멘토와 함께 걸은 길　　　　　　　　　　　132
　질문으로 시작된 만남　　　　　　　　　　135
　논문보다 깊은 동행　　　　　　　　　　　137

3. 실패와 나이가 남긴 무기   **140**

   통계와 그래프 앞의 눈물   140
   끝이 아닌 연결, 배움으로 이어진 인생의 쉼표   143
   무엇이 없어서가 아니라, 누가 있었기에   145

6장   지식은 나눌 때 완성된다

1. 혼자 버틴 하루가 만든 작은 씨앗   **151**

   버팀 끝에 찾아온 질문   151
   작은 성실이 만든 힘   153
   내면의 흔들림과 이중성   156

2. 나눔에서 시작된 회복   **158**

   혼자 서는 것으로 끝나지 않은 회복   158
   회복에서 쓰임으로   160
   경험이 헛되지 않았다는 확신   163

3. 함께 걸어가는 길   **165**

   공동체 속에서 확장되는 삶   165
   지식이 모여 만든 길   168
   전문성이 쓰임으로 완성될 때   171

7장 감사는 다시 살아가는 힘

1. 넘어진 자리에서 일어서게 한 힘   **177**
    멈춤 속에서 발견한 시작의 빛   177
    모든 끝은 또 다른 시작   179
    비워짐이 남긴 감사   182

2. 감사가 이끈 새로운 길   **184**
    아픔 속에서 피어난 감사   184
    작은 일상이 지켜 준 숨결   187
    시간의 벽을 넘어서게 한 감사   190

3. 감사로 완성되는 삶   **193**
    감사가 열어 준 새로운 길   193
    다시 일어서게 한 순간   195
    감사로 이어진 삶의 여정   198

에필로그
    "감사는 다시 살아가게 하는 힘이었다"   202

프롤로그

"죽음을 생각했던 그날,
나는 책을 폈다"

— 파산, 상실, 좌절…
그리고 마지막으로 붙잡은 희망 하나

한순간에 모든 것을 잃었다. 100억이라는 감당할 수 없는 숫자가 사라진 날, 내 삶도 함께 무너졌다. 눈앞은 캄캄했고, 발밑은 끝없이 꺼져 내려갔다. 바닥은 생각보다 더 깊었고, 그곳에는 어둠과 고통이 기다리고 있었다. 다시는 일어설 수 없을 것 같았다. 숨은 이어지고 있었지만, 그것은 살아가는 호흡이 아니라 생존의 신호였다.

하루의 시작은 고통이었고, 아침을 맞는 일조차 벼랑 끝에 선 듯 두려웠다. 그러나 그 어둠 속에서도 버티게 하는 작은 것들이 있었다. 새벽마다 창문 틈으로 스며드는 햇살, 곁을 떠나지 않고 묵묵히 자리를 지켜 준 이들의 시선, 그리고 쓰러져도 다시 일어서야 한다는 마음속의 다짐이었다.

살아남게 한 것은, 특별한 무엇이 아니었다. 평범한 일상의 작은 순간들이었다. 작고 미약해 보였지만, 그 순간들이 삶을 이어주는 끈이 되어 주었다. 가늘어 보였으나 쉽게 끊어지지 않은 그 끈은 하루하루를 버티게 하는 유일한 힘이었다. 상실과 실패는 처음에는 짐처럼만 느껴졌다. 매 순간이 무거웠고, 현실은 발목을 붙잡는 사슬 같았다. 그러나 시간이 흐르며 알게 되었다. 그것들은 나를 무너뜨린 흔적이 아니라, 다시 살아냈다는 증거였다. 아픔은 초라함이 아니라 겸손을 남겼고, 무지를 인정하게 했으며, 삶을 새롭게 설계하도록 이끌었다. 절망을 외면하지 않고 직시했을 때, 그곳엔 이미 새로운 가능성이 자라나고 있었다.

늦게 시작한 배움은 고통스러웠다. 낮에는 일터에서 몸을 움직이고, 밤에는 논문을 붙잡으며, 쪽잠으로 하루를 이어갔다. 피로는 온몸을 짓눌렀고, 이해되지 않는 문장을 붙들며 수없이 좌절했다. 그러나 그 늦음 덕분에 더 깊이 머무를 수 있었다. 젊은 날에는 생각 없이 스쳐 지나갔던 한 문장, 한 개념이 이제는 삶을 다시 읽게 하는 언어로 다가왔다. 빠름보다 느림 속에서만 길러지는 성찰이 있다는 사실을 늦음은 가르쳐 주었다. 늦음은 걸림돌이 아니라 한걸음, 더 나아가기 위한 디딤돌이었다.

죽음의 문턱에서도 공부를 놓지 않았다. 그것은 성취의 수단이 아니라, 살아 있음을 확인하게 하는 숨결이었다. 병상 위에서도 배움을 향한 손끝은 멈추지 않았다. 그 순간, 다시 삶을 선택하고 있었다. 돌아보니, 그 모든 여정을 지나 남은 것은, 단 하나 바로 감사였다.

　감사는 가장 깊은 상실의 자리에 빛처럼 스며들어, 흩어진 마음에 다시 걸어갈 힘을 남겨주었다. 절망은 새로운 시작의 문턱이 되었고, 잃음은 짐이 아니라 자양분이 되었다. 늦음 또한 후회의 이름이 아니리 결실의 기회로 변해 있있다.
　감사는 고통을 지워버리는 힘이 아니라 고통을 새로운 언어로 다시 쓰게 하는 힘이었다. 한때는 오로지 성공과 칭찬만을 좇느라 보지 못했지만, 다시 삶을 일으켜 세운 것은 눈부신 성취가 아니라, 일상 곳곳에 숨겨져 있던 작은 감사들이었다.

　이 책은 잃음과 다시 일어서기까지, 쓰임과 책임을 마주하며, 늦음 속에서 배움을 얻은 여정의 기록이다. 삶의 끝에 남는 것은, 오늘을 버티게 하고 다시 걷게 한 '감사'라는 빛이었다. 100억은 사라졌지만, 그 대가로 배움 속에서 두 번째 삶을 얻었다. 삶은 상실이 남긴 무게가 아니라, 감사가 비춘 빛으로 완성된 이야기였다. 넘어진 자리에서 다시 일어설 수 있게 한 힘, 그 이름은 '감사'였다.

1장

인생의 바닥에서
마주한 나

1장
인생의 바닥에서 마주한 나

일하는 순간은 즐거움이었고, 공부는 늘 새로운 세상을 열어주었다. 모든 설계의 중심에 서 있다고 확신했지만, 보이지 않는 틈이 조금씩 번지고 있었다. 타키투스가 말했듯, "승리는 많은 아버지를 두지만, 패배는 고아가 된다". 성공의 빛 뒤에는 누구도 보지 못하는 어둠이 있었다.

침몰의 날, 100억이 한순간에 사라졌다. 한 줄 뉴스가 인생을 삼켜버렸고, 믿음이 만든 균열은 외면이 키운 상실로 번져 신뢰의 탑을 무너뜨렸다. 남겨진 것은 떠남의 흔적, 그리고 메아리처럼 되돌아오는 질문뿐이었다.

금이 간 유리 조각 위에 홀로 선 순간, 파스칼의 말이 떠올랐다. "인간의 위대함은 무너짐을 아는 데 있다." 성취가 답이 아니었다. 무너짐 속에서 다시 묻고, 다시 시작할 수 있는 신뢰야말로 끝내 붙잡아야 할 본질이었다.

1. 믿음의 무게와 보이지 않는 균열

💡 일은 활력, 공부는 쉼표

아침마다 눈을 뜨면 설렘이 밀려왔다. 새로운 하루가 시작된다는 사실, 그 안에서 기다리는 수많은 일들이 삶의 맥박이 되었다. 일은 생계의 수단을 넘어 하루를 살아가게 하는 동력이자 존재의 이유를 증명하는 무대였다.

평일 내내 상담과 문제 해결로 시간이 눈 깜짝할 사이에 흘러갔다. 지쳐 쓰러질 만큼 바쁜 날도 있었지만, 살아 있다는 감각이 늘 선명히 스며 있었다. 삶을 함께 고민하고 해답을 찾아가는 과정은 업무를 지나 사람과 사람을 이어주는 소중한 연결이었다.

토요일이면 또 다른 공부의 세계가 열렸다. 책상 위에 놓인 두꺼운 교재와 빼곡한 노트, 페이지를 넘길 때마다 새로운 개념이 눈앞에 다가왔다. 공부의 범위에는 꿈과 열망이 그 안에서 살아 숨 쉬었다. 문제를 풀고 이해되지 않는 부분을 정리하다 보면 어느새 새벽이 밝아 있었다.

피곤함보다 더 크게 다가온 것은 지식이 스며드는 순간의 짜릿함이었다. 어제 몰랐던 것을 오늘은 알게 된다는 작은 성취가 가슴을 벅차게 했다. 이 과정에서 금융·경제 분야 자격증 13개를 취득하며, CFP(국제공인재무설계사) 자격을 포함한 전문 역량을 갖추었다. 자격증은 이름표가 아니라 오랜 시간 쌓아 올린 노력의 증거였고, 동시에 새로운 출발선이었다.

그 힘으로 컨설팅 회사를 설립하며 또 다른 길을 열었다. 고객의 고민이 풀리고 굳었던 표정이 서서히 누그러지는 그 순간, 일은 의무가 아니라, 살아 있음을 느끼게 하는 기쁨이 되었다. 공부는 일로 이어졌고, 일은 다시 공부의 방향을 열어주었다. 두 세계는 따로 존재하지 않았으며, 서로를 북돋으며 성장의 두 바퀴가 되어 주었다. 사람들 앞에 설 때면 "일에 미친 사람", "취미가 공부인 특이한 사람"이라는 표현이 따라붙었다. 누군가의 평가가 아니라, 삶을 가장 솔직하게 드러내는 또 하나의 언어였다. 일과 공부는 소모가 아니라, 오히려 삶을 풍성하게 채우는 힘이었다.

돌아보면 치열했지만 동시에 가장 빛나는 시간이었다. 상담실에서 고객의 문제를 함께 풀어내며 느낀 뿌듯함, 공부를 하며 밤을 지새우다 문득 찾아온 깨달음, 그 과정을 통해 차곡차곡 쌓인 자신감이 삶을 단단하게 지탱해 주었다. 육체는 지칠 때도 있었지만, 마음은 소모되지 않았다. 오히려 더 멀리 나아가고 싶게 했고, 앞으로 펼쳐질 길에 대한 호기심을 불러일으켰다.

그 무렵 읽은 《퍼플피플》에서 한 문장이 눈에 들어왔다. "일에는 세 가지 조건이 필요하다." 그 문장은 마치 내게 말을 걸듯 다가왔다. 설렘, 행복, 기쁨. 그 문장을 읽는 순간, 책 여백에 "CFP가 하고 있는 일"

이라고 적었다.

CFP로 일하며 일의 세 가지 조건을 경험했다. 첫째, 새로운 고객을 만날 때마다 긴장과 기대가 교차하며 가슴이 설렜다. 둘째, 상담이 시작되면 삶의 이야기에 귀 기울이고, 문제를 함께 풀어가는 과정, 속에서 굳어 있던 표정이 서서히 누그러지는 순간, 마음은 따뜻한 행복으로 이어졌다. 마지막으로 목표를 이루고 함께 외친 "파이팅!" 속에는 말로 다 표현할 수 없는 기쁨이 담겨 있었다.

CFP의 일은 사람의 삶을 함께 설계하며 의미와 성취, 그리고 기쁨을 동시에 느끼게 하는 일이었다. 일은 의무가 아니었다. 고객의 이야기를 경청하고 해답을 모색하는 순간마다 삶의 의미가 새롭게 확인되었다. 한 사람의 인생에 작은 빛을 더할 수 있다는 사실은 그 어떤 보상보다 값졌다. 그때마다 밀려온 성취감은 마음 깊숙이 파문을 일으켰고, 그 울림이 다시 한 걸음 앞으로 나아가게 했다.

공부 또한 시험 준비나 지식 축적에 머물지 않았다. 책장을 넘기며 쌓인 개념들은 고객의 삶을 이해하는 또 다른 눈이 되었고, 문제를 해결하는 도구로 변해갔다. 몰랐던 것을 새롭게 이해하는 기쁨은 자신감으로 이어졌다. 공부는 쉼이자 성장의 연료였다. 책상 앞에서 보낸 시간은 고립이 아니라 세상과 연결되는 길이었다.

일과 공부는 서로를 북돋으며 균형을 이루는 두 개의 바퀴였다. 한쪽이 멈추면 다른 쪽도 굴러가지 못했지만, 함께 움직일 때 삶은 안정적인 궤도를 그렸다. 일은 즐거움이었고, 공부는 쉼이었으며, 서로를 비추며 존재를 더욱 견고하게 빚어 주었다.

그 길 위에서 CFP라는 직업은 설렘, 행복, 기쁨이라는 세 가지 조건을 모두 충족시켜 주었다. 고객의 문제를 해결하며 안도의 미소를 마주할 때, 밤을 지새운 공부 속에서 새로운 깨달음을 얻을 때, 삶은 의무가 아니라 선물처럼 다가왔다. 그 만족감은 삶을 붙잡아 주었고, 재무설계를 시작한 지도 어느덧 20년이 흘렀다. 돌이켜 보면 그 시절은 가장 치열했지만 동시에 가장 빛나던 순간이었다.

💡 삶을 설계하는 조율자의 착각

CFP의 역할은 재무 상담이라는 틀을 벗어나 고객의 삶 전체를 설계하는 일이다. 하루하루의 소비 습관부터 장기적인 은퇴 준비까지, 개인이 살아가는 전 생애의 재무 여정을 함께 설계해야 한다. 소득과 자산, 부채와 지출을 정밀하게 분석하고, 이를 통해 삶의 목표를 구체적이고 실현 가능한 전략으로 바꾸어 주는 것이 본질이다.

자산의 구성과 현금 흐름, 부채와 리스크를 종합적으로 고려해 현실적인 전략으로 구체화하지 않으면, 재무설계는 종이 위의 숫자에 불과하다. CFP의 자문에 따라 고객의 현재와 미래가 달라질 수 있기에, 이 일은 언제나 신중할 수밖에 없다. 수많은 사람들의 인생을 설계해 온 세월 동안, 그 무게를 잊은 적은 단 한 번도 없었다.

한 사람의 삶을 설계한다는 것은 재무 계획표를 작성하거나 숫자를 계산하는 작업이 아니었다. 고객의 과거를 들여다보고, 현재의 조건을 정밀하게 파악하며, 앞으로 다가올 시간을 함께 내다보는 일. 삶을 입체적으로 이해하고, 수많은 가능성과 변수를 헤아려야만 제대로 된 전략이 세워졌다. 차마 꺼내지 못한 두려움과 불안을 읽어내야 했고, 때로는 막연한 희망을 현실의 언어로 번역해야 했다.

돈과 자산이라는 구체적 수치 속에서 다루는 것은 인간의 삶이었다. 재무설계는 재무관리 기술이 아니라, 사람의 삶과 감정을 다루는 섬세하고도 막중한 책임의 작업이었다.

나는 CFP 중에서도 금융상품을 판매하지 않고, 자문료를 통해 고객의 삶 전체를 설계하는 '독립 자문가(Independent Advisor)'의 길을 선택했다. 독립 자문가는 은행 창구 직원이나 증권사 PB, 보험설계사 등이 권유하는 상품을 객관적으로 검토하고 해석하며, 고객의 인생과 재무 사이의 균형점을 찾아주는 조율자다. 금융회사 직원이 고객에게 권유한 상품을 분석하고 상품 구조와 수치를 살피면서 "이 상품이 정말 적합한가?", "고객의 삶과 목표에 부합하는가?"라는 질문을 놓치지 않는다. 이 과정을 통해 발휘되는 공정성과 객관성은 CFP라는 직업의 정체성을 규정하는 핵심 가치다. 이 원칙을 지켜온 시간은 길고도 치열했다. 상품의 구조를 분석하고, 예상 가능한 위험을 짚어내며, 고객의 재무 상황과 비교해 가늠하는 과정을 끊임없이 반복했다.

고객이 기대와 다른 결과를 설명해야 했고, 금융사 직원이 제시한 논리를 반박해야 했다. 눈앞의 이익을 좇지 않고 고객의 미래를 지키기 위해 불편한 진실을 전해야 하는 순간들이 있었다. 그 과정에서 지켜낸 신념은 외부의 평가로 완성되는 것이 아니라 스스로를 버티게 한 내적 원칙이 되었다.

흔들리지 않는 자존심이자 존재를 증명하는 가치는 고객의 목표와 현실 사이의 간극을 메우는 데 있다. 조언에 그치지 않고 함께 책임을 나누는 파트너로서 삶을 설계하고 위험을 관리하며 더 나은 미래를 향해 동행하는 사람이고 싶었다.

수많은 상담과 설계 속에서 다져 온 원칙은 언제나 같은 자리를 지켜주었다. 공정성과 객관성, 그리고 고객과 같은 무게를 나누겠다는 다짐은 오랫동안 흔들림 없는 버팀목이었다. 그 신념 덕분에 삶의 궤도는 견고히 유지되는 듯 보였다. 누구보다 최선을 다해 일했고, 흔들림 없는 기준 위에서 성장하며, 재무설계라는 길 위에 확고히 서 있다고 믿었다.

그러나 시간이 흐르며 깨닫게 되었다. 아무리 성실하게 다져온 원칙이라 해도, 세상의 거대한 파도 앞에서는 때로 무력해질 수 있다는 사실을. 신뢰 위에 세운 설계조차 예상치 못한 균열을 맞이할 수 있었다. 성공의 외형 뒤에 감춰져 있던 그 작은 금이 삶 전체를 흔드는 균열로 번져갔다. 그리고 그 균열의 한가운데에는, 나와 고객이 함께 발을 들였던 한 선택이 있었다. 바로 그 지금이 성공 뒤의 균열로 이어지는 시작점이었다.

💡 성공 뒤에 숨어 있던 틈

금융사 직원이 권유한 상품이라고 해서 무조건 받아들이지는 않았다. 고객에게 조언한 상품은 반드시 직접 선택할 수 있고, 투자자로서 참여할 수 있다고 판단되는 경우에만 함께 결정했다. '가입하라'는 말만으로는 책임을 다했다고 할 수 없었기 때문이다. 구조를 세밀히 분석하고 제시된 수치를 꼼꼼히 대조했으며, 필요하다면 외부 전문가의 자료까지 확인했다. 그 과정을 거쳐 내린 판단은 고객만의 선택이 아니었다. 곧 나 자신의 선택이 되었고, 그 결과를 동일하게 감수해야 했다. 그것이 지켜 온 원칙이자 신뢰를 증명하는 방식이었다.

따라서 증권사 PB가 권유한 복합금융상품 속 '한진해운 회사채'도 같은 원칙, 아래 검토되었다. 고객과 함께 설명을 듣고 분석한 뒤, 내 자산을 맡길 만큼 안전하다고 판단했기에 함께 선택했다. 이는 고객을 위해 억지로 따라간 의무적 결정이 아니라, 투자자로서도 동의할 수 있었던 주체적 선택이었다.

세계 7위, 국내 1위 해운사라는 위상은 강력한 신뢰의 근거로 다가왔다. 수치와 자료 어디에서도 특별한 위험 신호는 보이지 않았다. "한진해운 회사채는 안전하고, 전혀 문제없다"라는 증권사 직원의 확신

어린 말은 마지막 불안조차 잠재우며 선택을 굳히게 했다. 그렇게 고객과 함께 같은 배에 오를 수밖에 없었다. 그러나 같은 배에 오른다는 사실은 곧, 함께 침몰을 감수해야 한다는 의미였다. 겉으로는 안전해 보였고, 논리적으로도 흠잡을 데 없는 선택처럼 보였지만, 그 결정 속에는 보이지 않는 균열이 이미 스며들어 있었다.

작은 균열은 시간이 흐르며 점점 커져, 믿음으로 쌓아 올린 모든 것을 무너뜨리는 서막이 되었다. 신뢰 위에 세운 결정이었기에 무너짐은 더 깊고 치명적이었다. 고객의 선택이 곧 나의 선택이었고, 고객의 손실은 곧 나의 손실이 되었다. 성공의 외형은 여전히 빛나 보였지만, 그 안쪽에서는 서서히 금이 자라나고 있었다. 함께 오른 배가 항구에 도착하지 못하고, 침몰의 길로 향하게 되리라는 사실을 그때는 알지 못했다. 이것이 바로, 믿음 뒤에 감춰져 있던 균열의 시작이었다.

겉으로는 흔들림 없는 설계와 원칙 위에 서 있다고 믿었다. 고객과 함께한 선택은 언제나 신중했고, 내 자산을 함께 걸 만큼 확신에 찬 결정이었다. 그러나 그 굳건함 속에서는 이미 눈에 보이지 않는 금이 자라고 있었다. 세계 7위, 국내 1위라는 명성에 기댄 신뢰는 강력한 방패처럼 보였지만, 그 방패가 언제 산산이 부서질지는 아무도 알지 못했다.

같은 배에 오르는 순간, 그 항해는 성공의 항로가 될 수도 있었고, 단 한 번의 파고에 침몰로 이어질 수도 있었다. 그 선택이 곧 나와 고객 모두를 집어삼킬 거대한 파도의 출발점이 될 줄은. 성공의 빛 뒤에 숨어 있던 균열은, 마침내 돌이킬 수 없는 붕괴의 문을 열고 있었다.

2. 무너짐 끝에서 드러난 진실

💡 침몰의 날, 사라진 100억

그날은 평범한 하루처럼 시작되었다. 창밖의 햇살은 언제나처럼 밝았고, 책상 위의 업무 파일도 익숙한 풍경이었다. 그러나 단 몇 시간 만에, 모든 것이 송두리째 무너졌다.

뉴스 속보 자막에 흘러든 단 한 줄의 문장. "한진해운, 법정관리 신청, 이어진 청산." 소식은 믿기 어려운 현실이었다.

세계 7위, 국내 1위라던 이름은 허망하게 무너졌다. 견고하다고 믿었던 수치와 분석은 한순간에 무의미해졌고, 안전하다던 약속은 바다 한가운데 침몰하는 배처럼 속절없이 가라앉았다. 그 배 안에는 고객의 돈이 있었고, 나의 자산도 함께 있었다. 그러나 이 붕괴는 전혀 예고 없는 사건만은 아니었다.

여름의 한가운데, 이미 이상 신호가 감지되었고, 한진해운의 재무구조와 시장의 흐름 속에서 보이지 않는 균열이 느껴졌다. 불길한 예감은 점점 짙어졌고, 휴가를 떠나기 전 서둘러 증권사를 찾았다. 담당 PB에게 작은 균열이 더 큰 파국으로 번지기 전에, 반드시 선제적으로

막아야 한다고 했다. "지금은 위험 신호가 뚜렷하니 손실이 있더라도 고객들에게 설명하고 보유한 상품 전량을 매도해 달라"라고. 그 속에는 두려움과 책임이 동시에 뒤섞여 있었다.

그러나 휴가를 마치고 돌아와 통장의 계좌 내역을 확인한 순간, 눈을 의심했다. 매도는커녕 오히려 추가 매수가 기록되어 있었기 때문이다. 불안한 마음으로 이유를 묻자, 담당 직원은 태연하게 대답했다. "법정관리에 들어갈 회사가 아니고, 설령 법정관리가 되더라도 청산이 아닌 회생할 것이기 때문에 손익을 위해 추가 매수를 했다"라는 그 말은 설명이 아니라, 책임을 피하려는 변명처럼 들렸다. 내가 내린 경고와 매도에 대한 요구는 한순간에 무시되었고, 결과는 되돌릴 수 없는 상처로 돌아왔다. 그때 옆에 있던 증권사 동료 여직원조차 믿을 수 없다는 듯 고개를 저었다. 그러고는 조심스럽지만 단호한 목소리로 말했다. "제발, 지금이라도 그 직원을 믿지 마세요." 그 말은 충고가 아니라 안타까움이 묻어 있었고, 동시에 상황이 이미 너무 멀리 와 있음을 알리는 신호처럼 들렸다.

그리고 마침내 2016년 9월 1일, 그 배는 예고 없이 침몰했다. 뉴스 속보가 화면을 가르는 순간, 손에 쥐고 있던 모든 자료와 설명은 산산이 조각났다. 회사채는 회생 절차조차 밟지 못한 채 청산으로 이어졌고, 고객의 자산과 나의 전 재산 역시 휴지 조각이 되었다. 손실 규모는 무려 약 100억 원. 하지만 무너진 것은 셀 수도 숫자를 떠나 고객의 눈물, 깨져버린 신뢰, 그리고 나 자신의 존재 기반이 무너지고 있었다.

그날의 충격은 한 번의 사건으로 끝나지 않았다. 한 사람의 무책임한 선택과 오만이 얼마나 많은 삶에 치명적인 파장을 남길 수 있는지를 보여주는 잔혹한 증거였다. 눈앞에서 무너진 건 돈의 액수가 아니었다. 신뢰로 쌓아 올린 관계와 원칙, 그리고 믿음이 한순간에 흔들렸다. 수치와 분석, 확신과 약속이 모두 무너진 자리에 남은 것은 깊은 허무와 설명할 수 없는 상실감뿐이었다.

무너짐은 외부의 파도에서 시작된 듯 보였지만, 돌이켜 보면 그 파도를 더 크게 만든 건 내 안의 믿음이었다. '안전하다'라는 말에 기댄 신뢰, 이미 드러난 위험 신호를 외면한 순간들, 그리고 멈출 수 있었던 균열을 놓쳐버린 선택들. 그 모든 것이 겹겹이 쌓여 거대한 붕괴로 이어졌다.

💡 믿음이 만든 균열, 외면이 키운 상실

그 손실은 단지 돈의 문제가 아니었다. 고객들이 평생을 준비하며 모아온 은퇴자금, 자녀의 결혼자금, 노후의 버팀목이 될 소중한 자산이 한순간에 무너져 내렸다. 그 잔해 속에는 오랜 시간 쌓아온 신뢰와 커리어, 그리고 한 사람의 존재 이유까지 함께 깔려 있었다. 그 숫자는 눈에 보이는 돈이 아니라, 이 상실의 무게를 담아내지 못했다.

사람들은 종종 인생의 바닥이 하루아침에 찾아온다고 말한다. 그러나 현실은 다르다. 바닥은 어느 날 갑자기 들이닥치는 파도가 아니라, 오랜 시간에 걸쳐 조용히 밀려드는 조류와도 같다. 겉으로는 아무 변화가 없는 듯 보이지만, 수면 아래에서는 조금씩 균열이 깊어지고 있었다. 그렇게 바닥은 소리 없이, 그리고 아주 천천히 다가왔다.

성공이라는 외피는 마치 단단한 갑옷처럼 보였다. 하지만 그 안쪽에서는 이미 작은 틈이 생기고 있었다. 눈에 잘 띄지 않는 균열은 매일 반복되는 일정과 성과 속에서 조금씩 넓어졌다. 상담과 문제 해결로 쌓아 올린 외형적 성취는 겉보기에 완벽해 보였지만, 그 속에 잠들어 있던 작은 경고음은 점점 더 희미해졌다.

주변에서는 끊임없는 경고가 이어졌다. "증권사 직원을 그대로 믿으면 안 된다." "항상 다시 확인해야 한다." 날 선 파도처럼 귓가를 스쳤지만, 내면에서는 또 다른 목소리가 균열을 덮고 있었다. "손잡은 지가 벌써 15년이 넘었는데, 사람을 믿지 못하면 어떻게 일을 하겠는가. 설마, 정말 아닐 거다." 그렇게 시작된 자기 위안은 '이 정도면 괜찮겠지', '조금만 더 버티면 해결되겠지' 하는 합리화로 이어졌다. 현실은 점차 희석되었고, 작은 균열은 틈새를 벌리며 깊이를 더해 갔다. 발밑은 이미 무너지고 있었지만, 끝까지 버틸 수 있다는 착각이 모든 것을 가려 버렸다. 그러나 결국, 모든 것이 한순간에 무너져 내렸다.

예전에도 냉혹한 현실을 일깨워 주는 문장을 읽은 적이 있었다. 《독한 충고》라는 책에 실린 "비즈니스는 아버지도 믿지 말아야 한다."라는 문장. 그때는 차갑고 잔인하게 느껴졌지만, 동시에 뼈아픈 진실을 담고 있음을 알았다. 그러나 정작 현실 앞에서는 그 교훈을 망각하고 있었다. 15년이란 기간을 함께해 온 관계라는 이유만으로, 인간적 정과 신뢰라는 이름으로, 위험 신호를 뻔히 보면서도 눈을 감아 버렸다. 관계의 온기에 의지하며, 이성적 판단 대신 감정적 안도를 선택한 것이다.

믿음은 곧 맹목이 되었고, 맹목은 무너짐을 더 빠르게 끌어당겼다. 경고는 들리지 않았고, 균열은 보이지 않았다. 애써 외면한 순간부터 무너짐은 이미 예정된 결말이 되고 있었다. 신뢰는 지켜야 할 가치였지만, 그 신뢰를 지키겠다는 마음이 오히려 가장 깊은 상처로 돌아왔다. 그렇게 무너진 하루는 실패가 아니라, 신뢰와 외면이 합쳐져 만들어낸 거대한 균열의 폭발이었다.

바닥은 단 하나의 실수로 만들어지지 않는다. 오랫동안 방치된 불안이 서서히 힘을 키워온 결과다. 표면의 바다는 잔잔해 보였으나, 깊은 심연에서는 조용히 움직이는 힘이 발목을 휘감고 있었다. 그 보이지 않는 힘이 삶 전체를 가장 낮은 자리로 끌어내렸다. 무너짐은 폭발처럼 갑자기 찾아오는 듯 보이지만, 사실은 오랫동안 진행되어 온 과정이다. 그날의 추락은 예고 없는 파국이 아니었다. 작은 틈이 조금씩 넓어지며 균열을 키웠고, 바닥은 이미 묵묵히 다가오고 있었다.

💡 한 줄 뉴스에 삼킨 인생

한진해운 법정관리. 뉴스 속에서는 그저 '기업의 구조조정'이라는 짧은 문장으로 스쳐 지나갔다. 경제지표 속에서는 단지 수치 하나로 기록되었고, 시장에서는 투자자들의 일시적인 불안 정도로 해석되었을지 모른다. 그러나 그날의 한 줄 뉴스는 내 인생에서 표면적인 경제 사건이 아니라, 한 사람의 삶 전체를 뿌리째 흔드는 심연의 파도였다.

그 소식을 들은 순간, 몸이 먼저 굳어 버렸다. 심장은 낯선 속도로 뛰었고, 손끝은 얼음장처럼 차가워졌다. 머릿속에는 수많은 얼굴과 숫자, 계약서와 서류들이 한꺼번에 떠올랐다가 사라졌다. 믿음으로 쌓아 올린 시간과 약속들이 눈앞에서 무너져 내리는 듯 보였다. 어디서부터 다시 시작해야 할지, 무엇을 붙잡아야 할지 알 수 없었다. 막막한 현실 앞에서 숨조차 가빠왔다.

독립 자문가의 길을 택한, CFP로서 수익률을 계산하는 사람이 아니라 삶의 방향을 함께 그리는 조언자였다. 고객들은 상품을 설명하고 판매한 증권사 직원보다, 그 구조를 추천하고 의미를 해석해 준 나를 더 신뢰했다. 나의 눈빛, 말투, 설계 방향 그 모든 것이 고객의 선택에 영향을 주었다. 그 신뢰는 나를 자랑스럽게 만들었고, 동시에 나를 지탱하는 가장 중요한 기반이었다. 그러나 법정관리 소식 이후, 그 신뢰는 순식간에 무너졌다.

고객의 포트폴리오는 산산조각이 났고, 단 몇 주 만에 그들의 인생 계획 전체가 흔들렸다. 오랜 시간 공들여 세운 설계도는 한순간에 무력해졌다. 법적으로 내가 책임져야 할 구조는 아니었다. 상품을 판매한 것은 증권사였고, 최종 선택은 고객의 결정이었다. 법률상 그 손실을 배상할 의무가 없었지만, 증권사와 고객 사이, 바로 그 중간에 내가 있었다. 피해자이면서도 동시에 신뢰의 중심에 있었던 자리. 고객들은 증권사 직원보다 나를 더 믿었다. 상품을 함께 선택했지만, 그것은 중요하지 않았다. "당신을 믿었기에 선택했다." 그 한마디는 변명이 아니라, 더 무거운 짐이 되어 가슴을 짓눌렀다.

사건이 터진 뒤에도 고객들은 증권사가 아닌 나를 먼저 찾아왔다. 피하지 않았다.

같은 피해자로서 함께 의논했고, 어떻게든 해결책을 찾아보자며 서로를 위로했지만, 손실 규모가 1만 원이든 10억 원이든, 잃어버린 돈의 무게는 남의 돈일 때보다 자신의 돈일 때 훨씬 날카롭게 다가왔다. 그제야 깨달았다. 사람의 마음은 이익 앞에서 얼마나 쉽게 방향을 바꾸는지를. 상황에 따라 달라지는 마음, 그것이야말로 가장 간사한 진실이었다. 평소엔 의리라 말하던 이들도 손익이 갈리는 순간 표정이 달라졌고, 따뜻하게 다가왔던 관계들은 이해관계 앞에서 차갑게 식어갔다. 그날 이후, 돈의 무게가 얼마나 잔인하게 사람의 삶을 흔들 수 있는지를 뼈저리게 실감했다.

그러나 사람의 마음과 신뢰는 법률 조항으로 재단할 수 없었다. 사건이 터졌음에도 불구하고, 77명의 고객 중 단 한 명도 증권사로 찾아가 항의하지 않았다. 그들은 침묵한 채 증권사가 아닌 나를 바라보았다. 문제의 중심에 서야 할 곳은 분명 증권사였지만, 분노와 실망은 내게로 향했다. 믿음의 대상이자 책임의 주체로 나를 선택한 것이다. 증권사 직원들조차 "왜 우리에게가 아니라 당신에게 책임을 묻는지 이해가 안 간다"라고 고개를 저었지만, 고객들에게 중요한 건 '상품을 판 회사'가 아니라 '그 선택을 함께한 사람'이었다

그날 이후 스스로에게 수없이 되물었다 "나 또한 왜 증권사 PB를 따져 묻지 못했을까. 어리석어서였을까, 아니면 끝까지 믿고 싶어서였을까." 그 정도로 믿어주었는데…. 그 생각이 되뇌어질수록, 차가운 칼날이 되어 가슴을 훑고 지나갔다.

뉴스 한 줄로 시작된 사건은 경제적 손실이 아니었다. 무너진 것은 숫자가 아니라 관계였고, 사라진 것은 돈이 아니라 믿음이었다. 고객들의 침묵은 차라리 외침보다 더 무거웠다. 법적 책임이 없다는 사실은 나를 지켜주지 못했고, 신뢰라는 이름 아래 더욱 날카로운 짐으로 되돌아왔다.

그때 알았다. 진짜 고통은 돈을 잃은 데 있지 않았다. 삶을 함께 설계해 온 사람들이 보여준 눈빛, 말없이 건네는 기대와 실망, 그 모든 것이 나를 무너뜨렸다. 한번 잃은 신뢰가 얼마나 큰 무게로 남는지, 그리고 그 무게와 돈 앞에서 사람이 얼마나 쉽게 흔들리는지를 그제야

절실히 깨달았다.

3. 신뢰의 붕괴에 마주한 무게

💡 금이 간 유리 위의 신뢰

무너짐은 언제나 관계의 자리에서 더 크게 다가왔다. 돈이 사라진 자리는 숫자로 메울 수 있었지만, 신뢰가 무너진 자리는 어떤 수치로도 계산할 수 없었다. 배신은 외부의 사건이 아니라, 곁에 있던 사람의 뒷모습에서 시작되었다. 그 충격은 손실의 고통보다 더 깊었고, 삶의 중심을 흔드는 낯선 파열음이었다.

가장 고통스러웠던 것은 전 재산이 날아간 충격 속에서 나를 바라보았지만, 내 곁을 지켜주는 고객들이었다. 그 믿음이 나를 버티게 했지만, 더 깊은 외로움으로 밀어 넣었다. 진짜 아픔은 그다음에 찾아왔다. 같은 꿈을 품고 목표를 향해 달리던 멤버들이 하나둘 곁을 떠나기 시작한 것이다. 시간이 흐를수록 발걸음은 멀어졌고, 처음에 작은 틈처럼 보였던 거리는 어느새 고립의 벽이 되었다.

힘들고 어려울 때 손을 잡아줄 거라 믿었다. 적어도 따뜻한 말 한마디라도 해줄 줄 알았다. 그러나 현실은 달랐다. "돈이 뭐라고 사람을 이렇게 바꿔놓는 걸까?"라는 질문만이 남았다. 탈무드의 "돈은 사람의 가면을 벗기는 거울이다"라는 명언처럼, 함께했던 사람들은 돈 앞에서 너무 쉽게 본모습을 드러냈다.

 더 뼈아팠던 것은 15년 동안이나 믿어 온 증권사 직원의 태도였다. 사건이 터진 뒤, 고객과 함께 그를 찾아갔을 때 돌아온 대답은 차갑고 단호했다. "선택은 본인들이 한 것이니, 저는 상관이 없다"라는 그 한마디. 순간, 귀를 의심했다. 불과 며칠 전까지만 해도 "방송인 이상민 씨 역시 사업 실패로 수십억대의 빚을 졌지만, 포기하지 않고 일하며 모두 갚아냈으니 우리도 고객을 끝까지 책임지고 해내자"라고 한 그의 말을 믿었다. 책임지겠다는 의지의 말처럼 들렸고, 그 신념 하나로 하루도 빠지지 않고 증권사를 찾아가 해결책을 함께 모색했다. 그러나 지금 돌이켜 보면, 그 다짐은 의지라기보다 현혹에 가까웠다. '책임지겠다'는 말은 약속이 아니라, 위기를 덮기 위한 가면에 불과했다.

 "적어도 믿고 함께한 사람이라면 무릎이라도 꿇고 '끝까지 함께하겠다'라는 말을 할 줄 알았다." 외마디처럼 터져 나온 그 한마디는 울분이자 마지막 기대였다. 지금까지 믿고 기다렸는데, 돌아온 건 무책임한 태도와 차가운 회피뿐이었다. 기대했던 손길은 끝내 뻗어지지 않았고, 남겨진 건 얼어붙은 공기뿐이었다. 믿음이 깨어지는 소리는 들리지 않았지만, 그 침묵 속에서 모든 것이 무너지고 있었다. 고객들의 얼굴에도 기막힘과 허탈함이 동시에 스쳐 갔다. 입술은 열렸지만 아무 말도 나오지 않았다. 마치 낯선 벽 앞에 서 있는 듯, 발걸음이 멈추고 생각조차 굳어졌다. 그 순간의 침묵은 거리두기가 아니었다. 무언의 절교였고, 차가운 단절이었으며, 되돌릴 수 없는 배신의 그림자였다.

믿음으로 쌓아 올린 시간이 무너지는 소리가 귓가를 찢듯이 울렸다. 그 무너짐은 오래도록 이어진 신뢰 전체가 송두리째 부서져 내리는 듯한 파괴였다. 손에 잡히지 않는 허공 속에서 지탱하던 마음이 산산이 흩어졌다. 눈앞에서 관계가 꺼져가는 것을 보면서도 붙잡을 수 없었다. 배신은 그렇게 한순간에 다가왔고, 그날 이후 다시는 예전의 자리로 돌아갈 수 없음을 알았다.

믿음으로 세워 놓았던 관계는 실은 얇은 유리 위에 올려져 있었다. 단 한 번의 충격으로 산산이 부서져, 다시는 주워 담을 수 없게 되었다. 그날 이후, 오래도록 이어져 온 인연의 끈들이 하나둘 끊어져 갔다. 남겨진 자리에 서서 끝없이 되묻게 되었다. 신뢰란 무엇인가, 사람을 믿는다는 건 어디까지 허용해야 하는가.

💡 떠남의 이유와 남겨진 질문

변한 건 한 사람만이 아니었다. 십 년 넘게 같은 증권사의 공간을 오가며 친하게 지내던 이들, 불과 며칠 전까지만 해도 "제발 그 사람 믿지 마세요"라며 조심스레 건네던 경고의 목소리가 있었다. 그러나 그 목소리를 외면했다. "같은 직원끼리 왜 그런 소리를 하느냐, 그만하라"라고 단호히 밀쳐내며, 끝까지 믿음을 택했다.

하지만 사건이 터지자, 경고까지 하며 내게 조심하라던 증권사 여직원들마저 회사의 지시 아래 움직였다. 회사는 고객의 분노를 막기 위해 책임의 화살을 나에게 돌리려 했고, 직원들은 그 지시에 따라 고객의 집을 일일이 찾아다녔다. 그들은 개인이 아니라 조직의 입으로 대신 설명했고, 그렇게 회사의 꼼수는 은밀하게 실행되었다. 고객들로부터 그 소식을 전해 들었을 때, 차가운 충격이 나를 덮쳤다. 믿었던 이들이 흘려보낸 경고는 사라지고, 그 자리에 남은 것은 차가운 변심뿐이었다. 불과 며칠 전까지 웃으며 안부를 묻던 얼굴들이 어떻게 그렇게 손바닥 뒤집듯 변할 수 있는가. 놀라움은 곧 쓰라린 충격으로 변했고, 오래도록 쌓아온 정은 한순간에 무너져 내렸다.

그 순간 깨달았다. 무너짐은 단 한 번의 사건이 아니라, 오랫동안 이어온 신뢰 전체가 송두리째 무너져 내리는 과정이라는 것을. 관계라는 끈은 연쇄적으로 끊어졌고, 하루아침에 불신의 중심, 낙인의 대상으로 바뀌었다. 셰익스피어의 말, "돈이 친구를 잃게 한다"라는 문장은 그날 이후 진부한 격언이 아니었다. 뼈 깊숙이 스며드는 현실이 되었다.

그 무너짐 속에서 질문만이 남았다. 신뢰란 무엇인가. 사람을 믿는다는 것은 어디까지 허용해야 하는가. 신뢰가 무너진 자리에 남은 것은 상처뿐 아니라, 나를 다시 묻는 무거운 질문이었다. 침묵은 오래도록 귓가에 맴돌았다. 따져 묻고 싶었지만, 차갑게 닫힌 표정과 무책임한 말 앞에서 모든 언어가 멎어 버렸다. 함께 걸어왔다고 믿었던 길이 하루아침에 잘려 나간 듯, 발밑이 텅 비어 있었다. 그 침묵은 거리두기가 아니었다. 관계의 종말을 알리는 벽이었고, 다시는 건널 수 없는 강을 그어놓는 잔인한 선이었다. 사람은 그렇게 변했고, 신뢰는 그렇게 무너졌다.

그러나 무너짐은 한 사람에서 그치지 않았다. 오래도록 곁을 지켜온 듯 보이던 이들도 차례로 등을 돌렸다. 곁을 떠나는 발걸음은 조용했지만, 남겨진 자리에 울려 퍼진 메아리는 크고 무거웠다. 오랫동안 믿어온 관계가 연기처럼 흩어지는 모습을 바라보며 처음에는 분노와 서운함이 뒤섞여 치밀어 올랐다. 하지만 시간이 흘러도 그 감정은 오래 머물지 못했다. "정말 그들이 잘못한 걸까? 아니면 내가 지나치게 믿었던 걸까?"

믿음은 언제나 쌍방의 약속처럼 보였지만, 실제로는 한쪽의 기대에 불과했다. 그 기대는 얇디얇은 유리잔 같아, 단 한 번의 충격에도 산산이 부서졌다. 부서지고 난 뒤에는 누구도 책임을 지지 않았다. 남겨진 것은 오직 상처와 질문뿐이었다.

괴로운 순간마다 스스로에게 되물었다. "사람은 왜 돈 앞에서 변하는가? 신뢰는 왜 위기 앞에서 그렇게 쉽게 흔들리는가?" 답을 찾으려 애쓰던 날들 속에서 마침내 받아들인 사실이 있었다. 신뢰는 변치 않는 확신에서 비롯되는 것이 아니라, 상대가 언제든 변할 수 있음을 감내하는 용기에서 시작된다는 것. 그러나 그 진실을 알기까지 너무 많은 시간이 필요했다. 내가 붙잡았던 믿음은, 환상 위에 세워져 있었다. '변하지 않을 사람'이라는 기대에 기대어 있었지만, 인생은 그 환상을 허락하지 않았다. 니체의 "인간은 기억하는 동물이 아니라 망각하는 동물"처럼 사람들은 자신이 했던 약속조차 너무 쉽게 잊었다. 망각은 배신으로 이어졌고, 배신은 고통의 칼날이 되었다. 그러나 상처의 끝에서 알게 되었다. 믿음은 절대적일 수 없지만, 인간을 이어주는 유일한 다리라는 것을.

💡 깨진 믿음의 그림자

신뢰가 무너질 때, 함께 무너지는 것은 사람 사이의 마음속의 뿌리였다. 그 뿌리가 흔들릴 때, 타인을 잃은 것이 아니라 나를 잃어가고 있었다. 타인의 배신은 내 안의 균열을 드러냈고, 믿음을 지켜온 정체성마저 흔들리게 했다. 배신의 고통은 타인에게서 시작되었지만, 끝내 나 자신과의 싸움으로 돌아왔다. 원망의 화살은 누구에게도 닿지 못했고, 남은 것은 나, 자신에 대한 깊은 실망뿐이었다.

믿음의 대가를 알고 난 뒤, 신뢰는 용기가 아니라 두려움이 되었다. 인간관계의 문을 닫아버리는 것이 차라리 안전하다고 스스로를 설득했다. 그러나 시간이 흐르면서 그 다짐은 점점 허망하게 느껴졌다. 믿음을 거부하는 삶은 불신의 감옥에 가두는 일이었다. 불신은 보호막처럼 보였지만, 사실은 세상과의 단절을 불러오는 족쇄였다. 살아 있음에도 고립된 삶, 숨 쉬면서도 관계가 단절된 삶이 될 뿐이었다.

"사람을 전혀 믿지 않는 것보다, 믿고 상처받는 편이 더 낫다." 오래된 가르침이더라도 배신의 순간에는 받아들일 수 없었다. 상처가 아직 덧나고 피가 마르지 않았던 시간 속에서, 이 말은 공허한 위로에 불과했다. 그러나 시간이 흐르며 상처가 아물고 돌아보니, 그것은 진실을 담은 조언이었다. 믿음은 상처를 남기기도 하지만, 동시에 그 상처를 통해 성숙과 성장의 문턱을 넘어가게 했다.

신뢰는 언제나 위험을 동반한다. 상대가 변할 수 있다는 가능성을 열어두는 순간부터, 이미 위험은 시작된다. 그러나 그 위험을 감수하지 않는다면 사람은 서로에게 다가갈 수 없다. 완벽한 안전을 추구하면, 아무도 곁에 남을 수 없게 된다. 무너짐 속에서 배운 교훈은 단순했다. 신뢰란 변하지 않음을 기대하는 것이 아니라, 변할 수도 있음을 껴안는 선택이라는 것. 배신의 고통을 지나서야 비로소, 신뢰의 진짜 무게가 무엇인지 알게 되었다.

그러나 모두가 떠난 것은 아니었다. 배신과 침묵이 휘몰아치는 와중에도 지금까지 내 곁에 남아 준 사람이 있다. 그는 내 상처를 판단하지 않았고, 다만 그 자리에 함께 있어 주었다. 차가운 현실 속에서 따뜻한 말을 건네던 그 마음이, 어느새 가족보다 더 자주 마음을 나누는 인연이 되었고, 서로의 존재는 그 누구로도 대체할 수 없을 만큼 깊어졌다.

그렇게 우리는 서로를 누나와 동생이라 부르며, 무너진 자리에서 함께 있음 자체로 위로가 되어 주었다. 배신의 그림자 속에서도 끝까지 남은 믿음이 있었다. 모순처럼 보였지만, 수많은 관계가 흩어지던 그 때 오히려 몇몇 인연은 더 깊어졌다.

신뢰는 변함없음이 아니라, 흔들림 속에서도 남아 있는 선택임을 보여주었다. 배신이 모든 것을 무너뜨린 것 같았지만, 동시에 사람 사이에서 진심이 무엇인지 걸러내는 과정이기도 했다. 신뢰는 무너짐 속에서 시험받았고, 그 시험이 지나고 남은 것은, 변하지 않은 약속과 그것을 지키려는 용기뿐이었다. 철학자들은 오래전부터 "신뢰는 위험을 감수하는 용기"라고 말했다. 이제야 그 말의 의미를 알게 되었다. 신뢰는 상대가 변하지 않음을 전제로 세워지는 것이 아니라, 변할 수 있음을 감내하는 용기에서 출발한다는 것을. 신뢰를 잃는 아픔 속에서도 끝내 배우게 된 건, 사람은 믿을 만한 존재가 아니라 믿음으로 만들어가는 존재라는 사실이었다.

무너진 자리에서 마주한 것은 배신이 아니었다. 끝까지 곁에 남아 지켜준 믿음, 그리고 그로부터 비롯된 배움이었다. 배신은 신뢰의 깊이를 비추는 거울이었다. 그 거울 앞에서 다시 묻게 되었다. "참된 신뢰란 무엇인가." 그 질문은 어둠 속에서 길을 밝히는 등불이 되어, 다시 살아가는 방향을 가리켜 주었다.

2장

무너짐의 끝에서 발견한 삶의 불씨

2장
무너짐의 끝에서 발견한 삶의 불씨

끝처럼 보였던 순간, 모든 것이 멈춘 듯했지만 작은 의지가 남아 있었다. 상처 위에 움튼 두 번째 시작은 도망치지 않고 견뎌낸 시간 속에서 자라났다.

"밤이 가장 어두울 때 별이 가장 빛난다"라는 격언처럼, 절망의 끝에서야 희망의 불씨가 선명해졌다. 꺼지지 않은 불씨는 끝까지 책임지겠다는 다짐으로 번져 오늘을 살아내는 이유가 되었다. 사라진 신뢰 속에서도 남겨진 하루는 이어졌고, 한 줄의 문장 속에서 변화가 움트기 시작했다.

책 한 권의 문장은 결심으로 자라났고, 주저하던 발걸음을 다시 앞으로 내딛게 했다. 절망은 길을 닫은 것이 아니었다. 깊은 생각의 문턱에 들어서는 순간, 그것은 새로운 시작을 요구하는 초대장이었다.

1. 내적 무너짐과 다시 살아나는 힘

💡 상처 위의 두 번째 시작

처음에는 모든 것이 끝난 듯했다. 자산은 잔인하게 숫자 하나로 지워졌지만, 본질의 무게는 따로 있었다. 눈에 보이지 않는 관계와 신뢰였다. 그 무게는 돈을 잃은 충격보다 훨씬 깊게 스며들어 가슴을 짓눌렀다. 말 한마디 없는 침묵이 오히려 비난보다 더 차갑게 가슴을 짓눌렀다. 법적으로는 무고했지만, 도덕적으로는 철저히 무력했다. 남은 것은 오직 하나, '함께 무너졌다는 자각'뿐이었다. 그 순간 안에서는 날카로운 질문이 솟구쳤다. '정말 누군가의 삶을 조언할 자격이 있는가? 다시 이 신뢰를 감당할 수 있는가?' 질문은 마음 깊숙이 파고들며, 오래 지켜온 확신을 조금씩 갉아먹었다.

열정은 흔적도 없이 사라졌고, 불안은 일상의 일부가 되었다. 하루를 시작하는 일조차 두려웠으며, 상담 자리에서 마주한 고객들의 시선은 고통 그 자체였다. "내 돈을 어떻게 할 거냐"라는 물음 앞에서 내놓을 수 있는 말은 단 하나, "끝까지 함께하겠다"뿐이었다. 회복할 수 없을 것 같은 절망은 삶 전체를 뒤덮었고, 몸과 마음은 점점 작아져 갔다.

그러나 무너짐은 폭풍처럼 요란하지 않았다. 경고음도, 붉은 경고등도 없었다. 대신 소리 없이, 서서히, 그러나 치명적으로 삶을 잠식해 들어왔다.

아침에 눈을 뜨는 일조차 결심이 필요했다. 스스로에게 던지는 질문들은 칼날처럼 날카로워 마음을 베어냈다. '아직 전문가라 할 수 있는가? 다시 누군가의 삶을 도울 수 있을까?' 그 물음에 답을 내리지 못한 채 점점 움츠러들었다. 수많은 사람들을 도왔던 기억이 무색하게, 정작 쓰러진 순간에는 찾아갈 곳조차 없었다. 무너진 자존감은 내 안에 갇혀버렸고, 그 틈새를 외로움이 깊숙이 파고들었다. 해결하고 싶어도 누구와 의논해야 할지 몰라 답답한 시간만이 이어졌다.

그렇게 긴 시간을 허우적거리며 지나고 나서야 깨달음이 찾아왔다. 무너짐 속에서 짙어진 '믿음의 무게'가 다시 살아가는 힘의 씨앗이 되고 있었다. 잃음은 끝이 아니라, 존재의 깊이를 드러내는 과정이다. 카뮈의 "겨울 한복판에서 나는 마침내 내 안에 꺼지지 않는 여름이 있음을 깨달았다"라는 문장은, 무너짐의 순간에 비로소 드러나는 삶의 진실을 말해준다. 그때 마주한 것은 절망이 아니라, 다시 일어설 수 있는 생의 본질이었다. 실패의 순간은 종착지가 아니라 새로운 방향으로 전환되는 기점이었다.

상실은 모든 것을 잃는 것이 아니라, 남은 것이 무엇인지를 보여주는 순간이었다. 잿더미 속에서도 끝내 사라지지 않은 것은 마음의 진심이었다. 신뢰는 쌓는 데는 오랜 시간이 걸리지만, 무너질 때는 바람 한 줄기에도 흩어지는 가벼운 진실이었다. 그 무게를 감당하겠다고 다짐하는 일은 얼마나 큰 책임인지를, 무너져 본 사람만이 알 수 있었다. 처음에는 숨이 막힐 듯 가슴을 짓눌렀지만, 시간이 흐르자 그 무게는 조금씩 달라졌다. 짐이 아닌 이유가 되었고, 짓누르는 힘이 아닌 다시 일어서게 만드는 원동력으로 바뀌었다.

결심이 필요했다. 믿음을 다시는 잃지 않겠다는 약속. 언젠가 이 결심이 또 다른 길로 이어질 것이라는 믿으며, 무너짐의 자리를 딛고 천천히 다시 걸음을 옮겼다. 고난은 나를 무너뜨렸지만, 그 무너짐 속에서 오히려 더 깊은 나를 만났다. 화려한 겉모습이 벗겨진 자리엔 가식도, 위장도 없었다. 오직 본질만이 남았다. 그 앞에서 마주한 것은 상처가 아니라, 삶의 의미를 다시 정의해야 한다는 숙명이었다. '회복'이라는 단어는 충분하지 않았다. 그것은 이전의 자리로 돌아가는 뜻일 뿐이었다. 돌아가고 싶지 않았다. 과거의 나를 딛고, 완전히 새로운 나로 다시 서고 싶었다. 다른 사람이 아닌, 나 자신으로 살아가겠다는 결심이었다. 누군가의 인정을 바라기보다, 다시 살아내기 위한 내적 결심, 회복이 아닌 재정의의 이름으로 다시 걷기로 마음을 정했다.

그 순간 물음은 달라졌다. "왜 이런 일이 일어났는가"가 아니라, "이 무너짐이 무엇을 가르쳐주었는가"로. 그 질문에 답할 수 있는 오늘이야말로 의식이 깨어난 시작이었다. 그 시작은 과거를 지우는 데 있지 않았다. 과거를 품은 채, 상실의 무게와 상처까지 안고도 앞으로 걸어가는 데 있었다. 무너짐의 본질은 끝이 아니라 다시 살아가기 위한 씨앗이었다. 절망의 땅에 묻힌 그 씨앗은 고통의 시간을 견디며, 천천히

그러나 확실하게 생의 싹을 틔우고 있었다.

💡 도망치지 않은 선택

삶이 무너진 게 아니었다. 무너져 내린 건, 다름 아닌 나 자신이었다. 전화벨이 울릴 때마다 심장이 움켜쥐듯 내려앉았고, 진동 하나에도 숨이 막혔다. 누군가 이름을 불러도 고개를 돌릴 힘이 없었다. 사람들 틈에 서 있었지만, 마음은 깊은 공허 속에 갇혀 있었다. 숨은 이어지고 있었지만, 그것은 살아 있음이 아니라 껍데기만 남은 채 버티고 있을 뿐이었다.

눈을 뜨면 아무 일도 없던 듯 옷을 갈아입고 사무실로 향해 하루를 시작했다. 고객을 맞이해 대화를 이어가며 문제의 해법을 찾아 나섰지만, 그 모든 시간은 '괜찮은 척'에 매달린 연극이었다. 마음속은 깊은 어둠 속으로 가라앉고 있었지만, 겉으로는 여전히 '침착한 사람'의 역할을 놓지 못했다. 하루하루 버텨낸 것은 삶이 아니라 배역이었다. 그렇게 흘러간 시간은 '어떻게 살아야 할지 모르는 하루'의 연속이었다. 근무가 끝나고 집에 돌아오면, 그때부터가 진짜 지옥이었다.

저녁이면 식탁 앞에 앉아도 아무것도 삼킬 수 없었다. 밥 한 숟가락도 목에 걸려 내려가지 않아, 소주 두 잔으로 허기를 달랬다. 식사를 마치고 나면 어김없이 답답한 마음을 달래러 산에 올랐다. 자정이 넘도록 고객들의 얼굴을 떠올리며 울다시피 아파트 뒷산을 헤맸다. 불빛 하나 없는 숲속, 나뭇가지에 걸려 넘어졌고, 인대가 늘어나 몸을 일으킬 수도 없었다. 차가운 흙바닥에 그대로 몸을 던진 채, 한참을 울었다. 그때 떠오른 건 고객들의 얼굴이었다. 무너진 믿음의 눈빛, 참았던 한숨, 말하지 못한 원망이 한꺼번에 밀려왔다. 매서운 바람이 뺨을 때리고, 숨이 가빠왔다. 몸도, 마음도 한꺼번에 무너져 내린 그 밤, 머릿속을 스친 건 단 하나였다. 그냥, "이대로 끝났으면 좋겠다"라는 생각뿐이었다.

뒷산을 헤매다 불 꺼진 방에 돌아와 숨죽이며 울었고, 때로는 수면제를 삼킨 채 눈을 감았다. 내일은 눈을 뜨지 않게 해 달라는 절박한 기도조차 매번 아침의 빛 앞에서 무너졌다. 살아 있다는 감각과 죽지 못했다는 절망이 교차하며 또다시 하루가 시작되었다. 그렇게 아파트 뒷산을 헤매던 시간은 며칠이 아닌 무려 6년이라는 세월이었다. 비가 쏟아지는 날에도, 눈 내리는 날에도, 칼바람 몰아치는 한겨울에도 발걸음은 늘 그곳을 향했다.

길조차 없는 숲속을 헤매다 바위 위에 드러누워 하늘을 향해 소리쳤다. "내가 대체 무슨 잘못을 저질렀기에, 왜 이런 일이 내게 일어난 것인가." 울부짖음은 숲에 메아리처럼 흩어졌다. 그러나 허공에 흩어진 그 울음은 다시 내 마음으로 돌아와, 찬양의 가사와 함께 새겨졌다.
"왜 나만 겪는 고난이냐고 불평하지 마세요. 남들은 지쳐 앉아 있을지라도 당신만은 일어서세요." 울면서 소리소리 외치며 부르는 찬양은 무너진 나를 붙들어 세웠다. 눈물은 멈추지 않았지만, 그 사이로 들려온 "주님이 손잡고 계시잖아요"라는 고백이 다시 일어설 용기를 주었다. 숲속에서 메아리치던 절규 같던 고통의 시간도 찬양과 눈물의 세월을 따라 흘러갔다.

비와 눈, 칼바람을 뚫고 찬양으로 버텨낸 세월 속에서, 무너진 것은 일상이 아니었다. 흔들린 것은 믿음이었고, 희미해진 것은 존재의 이유였다. 마음은 점점 공허 속으로 가라앉았다. '괜찮지 않다'는 사실이 드러나는 순간, 마음 한 조각만 흔들려도, 버텨온 모든 것이 한꺼번에 무너져 내릴 것 같아 두려웠다. 그래서 끝내 속마음을 내보이지 못했다.

감정을 억눌러 담은 채 고객의 이야기를 듣고 조언을 이어갔지만, 그 시간조차 온전히 내 것이 아니었다. 마치 다른 사람의 삶을 대신 살아주듯 능숙하게 나 자신을 지워냈다. 현실로부터, 사람들로부터, 감정으로부터, 그리고 무엇보다도 나 자신으로부터 멀어졌다.

낮에는 전문가로서 문제를 해결하려 애썼지만, 밤에는 무너진 자아가 절망 속에 잠겼다. 두 개의 삶은 하루에도 수십 번 교차했고, 한 몸으로 모든 감정을 감당해야 했다.

무너짐은 요란하지 않았다. 소리 없이, 서서히, 깊게 스며들어 나를 잠식했다. 어느새 돌아갈 수 없는 지점에 와 있었지만, 도망치지 않았다. "남들은 지쳐 앉아 있을지라도 당신만은 일어서세요"라는 소리가 귓가에 맴돌았고, 그 한 구절이 또 한 번의 버팀이 되었다.

그러던 어느 날, "지금, 누구에게 무엇을 감추고 있는가"라는 낯설고 아픈 그 질문이 가슴속 고여 있던 눈물을 불러냈다. 감추려 했던 대상은 타인이 아니라 바로 나 자신이었다. 무너짐을 인정하지 않으려 버텼지만, 그 버팀마저 또 다른 상처가 되고 있었다. 겉으로 아무렇지 않은 척 하루를 통과하고, 감정 없이 살아가며, 유령처럼 존재하는 일. 그 모든 것은 나 자신을 향한 가장 깊은 배신이었다. 삶은 그렇게 소리 없이 무너져 내렸고, 무너진 자리에서도 도망치고 싶었지만 끝내 도망치지 않는 나 자신을 매일 마주해야 했다. 마지막에 마주한 건, 그 누구도 대신할 수 없는 외로운 나 자신뿐이었다.

💡 사라질 수 없었던 이유

그날 밤, 잠은 오지 않았다. 수면제조차 듣지 않는 밤, 호흡은 가슴 위에서 멈춘 듯 억눌렸고, 머릿속은 정리되지 않는 생각들로 소용돌이쳤다. 한밤의 고요 속에서 불쑥 떠오른 것은 오랫동안 미뤄 두었던 진실이었다. 너무 오래 외면했고, 이미 너무 깊이 망가져 있었다는 사실. 어디서부터 잘못되었는지도 모를 만큼, 자신을 잃은 채 여기까지 흘러와 있었다. 그리고 마침내 결심이 찾아왔다. 크지도 요란하지도 않았지만, 지독한 붕괴의 끝에서 발견한 첫 번째 희망이었다. 보잘것 없어 보였지만, 그 결심은 생존을 약속하는 선언이었다.

결심과 동시에 억눌러 왔던 감정이 한꺼번에 터져 나왔다. 눈물 속에 섞여 흘러간 것은 억울함, 분노, 슬픔, 부끄러움, 회복하지 못할지도 모른다는 두려움이었다. 그러나 그 눈물은 포기의 눈물이 아니었다. 처음으로 자신을 안아주는 시간이었고, 감정을 억누르지도, 누구의 탓을 하려 들지도 않은 채 조용히 내면을 들여다본 순간이었다.

그 자리가, 바로 회복의 시작이었다. 하지만 회복은 완성이 아니라 과정이었다. 삶은 여전히 불안했고, 좋아하던 일은 끊겼으며, 마음엔 무기력이 깃들었지만, 이전과는 달랐다. 믿어 준 사람들을 위해 살아야 한다는 다짐이, 무너진 일상의 균형을 조금씩 회복시켜 주었다.

그러던 어느 날, 마음을 찌르는 생각이 스쳐 지나갔다. '나를 믿어주었던 사람들…' 돈을 요구하는 고객들도 있었지만, 정작 가장 큰 손실을 본 고객은 단 한 푼도 요구하지 않았다. 그녀는 오히려 이렇게 말했다. "증권사 직원을 너무 믿으면 안 된다고 했잖아. 아프면 안 된다." 건강을 지켜야 한다고.

그 말은 차갑던 현실 속에서 따뜻한 위로가 되었고, 지금은 고객이 아닌 친구로 곁에 남아 있다. 그 믿음이 있었기에 버틸 수 있었다.

그러나 마음 한구석에 두려움이 고였다. 만약 그 신뢰마저 사라진다면, 무엇으로 버틸 수 있을까. 그때 가슴을 찌르듯 울려온 한 문장. "내가 사라지면, 그 신뢰는 어디로 가는 걸까." 그 질문은 낯설었지만 동시에 내면 깊숙이 울렸다. 그 순간, 깨달았다 신뢰는 직업적 관계가 아니라, 내가 존재해야 할 이유이자 살아 있음의 증거라는 것을. 그 믿음이 흔들리는 일은 곧, 나라는 존재가 무너지는 일과 다르지 않았다.

그래서 사건이 터진 뒤에도 끝까지 고객들을 돕고 싶었다. 남은 건 단 하나의 다짐이었다. "할 수 있는 데까지 해보자." 그 길만이 나를 다시 일으켜 세울 수 있다고 믿었다.

문제를 해결하기 위해 변호사 사무실을 찾아다녔지만 돌아온 대답은 늘 같았다. "증권회사를 상대로 싸우려면 대형 로펌이 아니고서는 힘들다." 그러나 대형 로펌의 비용은 상상조차 어려웠고, 현실적으로 감당할 수도 없었다. 주저앉고 싶었지만, 포기할 수는 없었다.

조언을 구하기 위해 이곳저곳을 다니던 어느 날, 한 분의 말이 마음을 멈추게 했다. "금융 사건은 법으로 풀기에는 한계가 있다. 법정으로 가기 전에 감독 기관의 절차와 제도를 활용해야 한다"라는 조언이 막막함 속에서 헤매던 내게 하나의 방향이 되어 주었다. 법만이 정의와 해결의 통로라고 생각했는데 현실은 달랐다. 작은 빛이 처음으로 비쳐 들어왔다.

곁에 있던 멤버 변호사들은 떠났지만, 또 다른 인연으로 한 변호사를 만나게 되었다. 사정을 털어놓고는, 수임료를 충분히 드릴 형편이 아니어서 부족분은 외상장부에 적어 두면, 나중에 성공하면 꼭 갚겠다고 부탁했다. 그는 수락했고 함께 금융감독원을 찾았다. 담당자는 "이 사건은 분명 증권사 직원의 잘못"이라며 소송으로 가지 않고도 해결할 수 있다고 주저함 없이 말했다. 그 말 한마디가 오랜 막막함 속에서 작은 빛처럼 스며들었다. 변호사와 함께 피해 고객 명단과 금액을 정리해 접수했다.

그러나 1년, 3년, 5년이 지나도록 아무런 결과가 없었다. 답변이 없어 전화를 걸 때마다 담당자는 이미 교체되어 있었고, 교체될 때마다 "절차상 다시 서류를 제출해야 한다"라는 요구만 되풀이했다. 이유를 물으면 "규정상 어쩔 수 없다"라는 대답뿐이었고, 나중에는 코로나 상황까지 핑계로 내세워 시간을 끌었다. 변호사마저 "왜 이렇게 질질 끄는지 알 수 없다"라며 고개를 저었다. 그 순간, 믿음으로 버텨온 마음이 조금씩 무너져 내렸다.

사건 이후에도 끝까지 고객을 지키려 했지만, 그 과정은 좌절의 연속이었다. 믿음은 붙잡아 준 힘이었지만, 동시에 가장 깊은 곳으로 끌어내린 무게이기도 했다. 신뢰를 지키려는 마음은 어느새 무모함이 되었고, 외면할 수 없는 책임감은 삶의 여백까지 집어삼켰다. 그 무게 앞에서 수없이 흔들렸지만, 도망치지 않았다. 끝내 버텼다는 사실 하나만이, 나를 다시 붙잡아 주었다.

2. 오늘을 살아내는 책임

💡 끝까지 지키려는 다짐

모든 것을 내려놓으라는 조언이 무슨 뜻인지 알 수 없었다. 불타버린 자리에 연연하지 말고 새로운 곳에 불을 지피라는 말도 내 삶에 어떻게 대입해야 하는지 막막했다. 어떤 위로도, 어떤 충고도 마음에 닿지 않았다. 하지만 마지막까지 놓지 못한 것은, 잃어버린 돈도 무너진 경력도 아니었다. '나라는 존재가 여전히 책임을 져야 한다'는 자각이었다. 그 무게는 의무가 아니라, 다시 살아야 할 이유이자 남겨진 사명처럼 느껴졌다.

힘들어하는 고객을 위해, 끝까지 손을 놓지 않겠다는 다짐뿐이었다. 돈이 필요하다고 찾아오는 고객에게 가진 돈을 내어주기 시작했다. 주위 사람들은 이해할 수 없다는 눈길을 보냈고, 변호사조차 "안 줘도 법적으로 아무 문제가 없는데 돈을 왜 주느냐"라고 만류했다. 그러나 줄 수 있는 돈이 있음에 감사하며, 필요하다고 손 내미는 이들에게 손실 난 금액을 내어주었다. 그러는 사이 현금은 금세 바닥났다. 돈이 한 푼도 없는 상황에서 아파트 잔금을 치르지 못하면 입주조차 불가능하다고 찾아온 고객을 외면할 수 없었다.

해결책을 찾기 위해 고민하다가, 집을 담보대출 받아 돈을 마련하기로, 결심하고 남편과 상의했다. 남편은 "책임도 없는 일을 왜 하느냐, 우리도 살아야 한다"라며 격하게 반대했다. 긴 다툼 끝에 체념한 듯 "말린다고 안 할 것도 아니니 하고 싶은 대로 해"라는 그 순간 감사함이 밀려왔다.

"죽을 때 가져갈 돈도 아니고, 우리가 함께한 고객들이 가장 필요할 때 줄 수 있다는 것에 감사하자." 그 말은 남편을 향한 대답이자, 동시에 살아 있는 동안 끝까지 책임을 다하겠다는 다짐이었다.

돈이 필요하다는 고객은 계속 이어졌다. 담보대출의 한도는 이미 차서 같은 방식으로는 버틸 수 없다는 사실이 분명해졌다. 눈앞은 막막했지만, 발걸음을 멈출 수는 없었다. 돈이 필요하다는 고객들을 위해 차선책을 찾았지만, 선택의 여지는 거의 없었다. 고심 끝에 생각해 낸 방법은 지금까지 사용해 온 사무실을 정리해 보증금을 돌려받아 고객의 자금을 마련해 주는 것이다. 그 일터는 희망을 설계하고 미래를 이야기하던 공간이었다. 그러나 이제는 누군가의 절박한 순간을 위해 그곳을 떠나야 하는 현실을 받아들여야 했다.

강남 일대를 수없이 발품 팔며 빌딩마다 들러 작은 사무실들을 둘러보았다. 이곳이라면 얼마의 보증금을 돌려받아 고객의 상황을 해결할 수 있을지, 머릿속에서 수없이 계산을 반복했다. 지금의 사무실을 비워주고, 최소한의 비용으로 운영할 수 있는 비즈니스 센터형 사무실을 선택했다. 공간은 작아졌지만, 마음은 오히려 담담했다. 사무실을 비우는 순간, 가슴 한쪽이 찢어지는 듯했지만, 그 돈이 누군가의 내일을 붙잡는 힘이 된다는 생각이 나를 다시 세웠다. 그렇게 마지막 남은 보금자리마저 내어주며, 버티는 것 외에는 다른 길이 없다는 사실을 다시 한번 절감했다.

어느 날, 지하철역 플랫폼에서 한 통의 전화가 걸려 왔다. 오랫동안 인연을 이어온 고객이었다. 숨 가쁜 목소리로 아파트 중도금이 며칠 이내로 필요하다는 말을 전해왔다. 전화를 끊고 난 뒤 발을 떼지 못한 채 그대로 굳어졌다. 눈앞을 쉴 새 없이 스쳐 지나가는 열차를 멍하니 바라보며, 가진 돈이 한 푼도 없다는 현실이 가슴을 무겁게 짓눌렀다. "이걸 또 어떻게 해결해야 할까." 속으로 수십 번 되뇌었지만, 답은 떠오르지 않았다.

십 년 넘게 알며 지내 온 고객이었다. 함께 울고 웃으며 지내며 친구 사이까지 되었지만, 돈이 걸리자 세상은 달라졌다. 모두가 책임을 나눌 줄 알았는데, 한 사람에게 모든 짐이 쏠렸다. 그때 깨달았다. 아무것도 가진 게 없는 내 현실이 얼마나 냉혹한지를. 하지만 원망은 하지 않기로 했다. 그 대신, 할 수 있을 때까지 길을 찾아보자고 마음속으로 되뇌었다. 몸은 굳었고, 마음은 절망 속으로 깊이 가라앉았다. 그때 문득 스친 생각 하나. '내 보험… 혹시 그걸 사용할 수 있을까.'

사무실로 돌아와 서류함을 뒤적였다. 손끝에 닿은 보험증권을 꺼내들며 계산을 반복했다. 이걸로 고객이 요청한 금액을 채울 수 있을까. 불안한 마음이 가시지 않았지만, 실손보험 하나만 남기고, 나머지는 모두 해약하기로 마음먹었다.

각 보험사에 전화를 걸 때마다 손끝이 떨렸다. 그러나 그 떨림 속에서도, '필요한 돈을 마련해 줄 수 있다'라는 미묘한 안도감이 들었다.

통장에 입금된 해약금을 모두 합산하자 고객이 필요로 한 금액과 거의 같았다. 그 순간, 가슴속 깊이 묵직한 숨이 흘러나왔다. 고객 계좌로 송금 버튼을 누르는 순간, 가슴이 먹먹해졌다. 이체 금액을 확인하며 스스로에게 되뇌었다. "이 또한 감사하다." 그 말은 현실을 억지로 합리화하려는 변명이 아니었다. 무너져 가는 삶 속에서도, 누군가의 절박함을 채워줄 수 있다는 사실이 주는 위안이었다. 그 순간만큼은 내가 여전히 살아 있음을 느꼈고, 살아 있는 한 끝까지 책임을 다할 수 있다는 의지가 되살아났다.

💡 하루를 붙드는 작은 의지

무너진 삶 속에서 남은 것은 거창한 희망도, 눈에 보이는 성취도 아니었다. 오직 오늘 하루를 버텨야 한다는 이유 하나가 나를 붙잡고 있었다. 내일을 꿈꿀 여유는 없었지만, 오늘만큼은 무너지지 않겠다는 다짐이 있었다. 그 하루가 이어져야 고객을 지킬 수 있었고, 믿어 준 사람들의 신뢰를 지킬 수 있었다.

삶을 다시 일으키는 힘은 먼 미래에서 오지 않았다. 거대한 계획이 아니라, 작고 사소한 책임과 다짐에서 비롯되었다. 절망 속에서도 하루를 살아내는 일, 그 하루의 반복이 나를 다시 일으켜 세운 힘이었다.

가진 돈은 이미 바닥났고, 들어오는 수입도 없었다. 더는 줄 수 없다는 냉정한 현실이 눈앞에 다가왔다. 손에 쥔 돈이 한 푼도 없어 해줄 수 없는 상황에서, 다른 고객들이 하나둘 불만의 목소리를 높이기 시작했다. "누구는 주고 왜 나는 안 주느냐." 선의로 건넨 돈이 어느새 빚처럼 바뀌었다. 갚을 이유도 없는 돈이었는데, 사람들은 그것을 당연히 받아야 할 몫이라고 여겼다. 진심은 의혹으로 의혹은 곧 비난으로 번졌다. 그 비난의 화살은 나를 향했다. 상황은 점점 더 복잡해지고, 마음은 깊은 혼란 속으로 가라앉았다.

정신은 이미 지칠 대로 지쳐 있었고, 고객들을 분류하고, 누구부터 도와야 할지 우선순위를 세울 여유조차 없었다. 수십 명의 피해자를 마주한 채, 모두를 만족시킬 수 있는 기준을 세우는 일은 애초에 불가능했다. 가지고 있는 돈을 비율대로 나누는 것도 의미가 없었다. 당장 목돈이 필요한 사람들에게 얼마 되지 않는 금액을 건넨다는 건 도움이 아니라 또 다른 오해의 시작이었다.

고객의 절박한 사정을 들을 때마다 마음은 갈기갈기 찢겨 나갔다. 도와야 한다는 생각과 더는 버틸 수 없다는 현실이 부딪쳤다. 도움을 주면 원망이 줄어들 줄 알았지만, 오히려 "왜 나는 뒤로 밀리느냐"라는 또 다른 불만이 이어졌다. 선의를 선택한 순간에도 새로운 갈등이 발생했고, 어느 방향으로 나아가도 비난을 피할 수 없는 상황에 내몰렸다. 그 속에서 '끝까지 책임지겠다'라는 다짐은 점점 더 무거운 짐이 되어 어깨를 짓눌렀다.

심지어 필요한 돈의 일부를 이미 받아 간 고객은, 나머지 돈을 받겠다며 직접 사무실을 찾아왔다. 주위에 단 한 푼도 받지 못한 이들이 있다는 사실을 알면서도, 남편이 "차용증을 받아 오라"라고 했다는 말을 전하며 단호한 눈빛으로 마주했다. 그 순간 가슴 깊이 벼락처럼 내려앉는 무게가 느껴졌다. 짊어져야 할 부채가 아닌데, 이제는 종이 한 장으로 책임을 증명하라는 것이었다. 신뢰가 무너진 자리에 남은 건, 계산된 관계뿐이었다. 담담하게 대답했다. "차용증을 원한다면 써줄 수 있다. 하지만 그 돈을 마련하려면 벌어야 한다. 돈을 벌 수 있게 일할 수 있도록 기도해 달라." 그 말은 설명이 아니라 절규였다. 그날의 공기는 무겁게 가라앉았고, 마음 한쪽이 서늘하게 흔들렸다.

가진 것들을 다 내어주었지만, 돌아온 것은 감사의 말이 아닌 당연함이었다. 받지 못한 이들에게서는 의심의 눈빛과 확인을 요구하는 말들로 마음을 흔들었다. "왜 믿어주지 못하는 걸까"라는 물음이 잠시 머릿속을 스쳤지만, 곧 이해하려 애썼다. 그들 또한 절실한 현실에 갇혀 있기 때문이다. 하지만 차용증을 요구받던 그날, 모든 감정의 균형이 무너졌다. 그 순간은 내가 짊어져 온 고통과 책임이 얼마나 쉽게 불신으로 바뀔 수 있는지를 보여주는 냉혹한 현실이었다.

💡 사라진 신뢰와 남겨진 하루

신뢰는 오랫동안 삶을 지탱해 온 보이지 않는 기둥이었다. 그러나 그것이 무너질 때는 예고도 없었다. 한순간에 끊어진 관계들은 말 대신 침묵으로, 온기 대신 냉기로 변해갔다.

붙잡으려 애썼지만, 한번 멀어진 마음은 다시는 돌아오지 않았다. 전화는 울렸고, 도움을 청하는 목소리는 이어졌다. 사라진 것은 타인의 믿음이었지만, 남은 것은 그 믿음을 대신 짊어진 나 자신이었다. 세상은 멈춘 듯했지만, 살아내야 했다. 신뢰가 사라진 자리를 채운 것은, 책임을 포기할 수 없었던 의지였다.

매일같이 "내 돈은 어떻게 됐느냐"라는 전화가 쉼 없이 이어졌다. 목돈을 한 번에 마련해 달라는 요구는 도저히 감당할 수 없었기에, 몇 명의 고객에게 차선책을 제시할 수밖에 없었다. "목돈은 어렵다. 대신 매달 30만 원씩이라도 보내겠다. 언제까지 가능할지는 알 수 없지만, 최선을 다해보겠다." 그 말은 순간을 모면하기 위한 위로가 아니었다. 지켜야 하는 약속이었고, 자발적으로 떠안은 부담이었다.

  그 약속은 시간이 지나며 다짐이 아니라, 매달 반복되어야 하는 의무가 되었다. 하지만 신기한 것은 수입도 없었는데 몇 년이라는 세월 동안 단 한 달도 거르지 않고 입금이 이어졌다. 날마다 생활비를 쪼개고, 없는 살림을 비틀어가며 마련한 돈이었지만, 약속을 지키기 위해 버텼다. 그러다 세월이 흐른 어느 날, 계좌이체 내역을 정리하다 계산기를 두드려 보니 충격적인 사실이 드러났다.

한 고객에게 이미 처음 손실액보다 많은 금액이 송금되어 있었던 것이었다. 이미 약속된 금액이 넘어선 것을 알렸지만, 돌아온 대답은 예상 밖이었다. "계산을 해본 적이 없다"라며 초과된 금액을 돌려주려는 기색조차 없었다. 가슴 깊은 곳에서 묵직한 허무가 밀려왔다. 그동안 쏟아부은 정성과 인내가 한순간에 무너졌다. 자신의 손실에는 민감하면서도, 남의 희생에는 아무런 미안함조차 없었다.

채무자가 아니었다. 상품을 판매한 것도, 계약을 체결한 것도 아니었다. 그러나 사건이 터진 뒤부터는 마치 빚을 진 사람처럼 입금 의무를 짊어진 존재가 되어 있었다. 어느 고객은 단 하루만 입금이 늦어져도 곧장 메시지를 보낸다. "이번 달에 아직 입금이 안 되었다"라는 그 짧은 문장은 빚을 갚아야 하는 사람으로 규정해 버렸다.

신뢰로 시작된 관계였지만, 그 신뢰는 어느새 채무 관계처럼 변해 있었다. 도와주려는 마음에서 시작된 약속은 언제부턴가 당연한 의무가 되었고, 채무자가 아닌 내가 채무자의 자리에 서 있었다. 하루의 지연만으로도 의심과 불만이 쏟아졌고, 그 무게는 처음의 진심과는 전혀 다른 성질로 바뀌어 있었다.

신뢰를 지키기 위해 끝까지 도리를 다했지만, 돌아온 것은 감사가 아니었다. 의혹과 무심함, 그리고 거리감을 만드는 차가운 태도뿐이었다. 붙잡으려 애쓴 손끝은 허공을 스친 듯 허망했고, 신뢰로 이어져 있던 끈은 서서히 풀려나갔다. "무엇을 위해 여기까지 버텨온 것일까. 끝내 나 자신을 지킬 수 있을까." 죽음을 떠올릴 만큼 어두웠지만, 그 질문이 다시 살아야 할 이유를 일깨우는 최초의 불씨가 되었다.

빅터 프랭클은 《죽음의 수용소에서》에서 인간은 어떤 상황에서도 '삶의 의미'를 묻는 자유를 잃지 않는다고 했다. 즉, 그 자유가 살아 있는 한, 절망의 밑바닥에서도 다시 일어설 수 있다. 모든 것이 무너진 삶 속에서도 붙잡을 수 있는 이유는 분명 존재했다. 그것은 성취도, 명예도 목표도 아니었다. 오직 오늘 하루를 더 살아내겠다는 본능적인 의지였다. 그 단순하고도 원초적인 이유가 희미한 불씨처럼 다시 타올라 꺼져가던 삶을 조금씩 붙들어 세우기 시작했다.

3. 책이 불러낸 전환의 순간

💡 주저함을 넘어선 결심

분노도, 슬픔도, 원망도 모두 사라진 뒤 남은 것은 깊게 가라앉은 공허뿐이었다. 어떤 위로도 닿지 않는 침묵 속에서, 불현듯 내면의 어딘가에서 한 문장이 떠올랐다. "이제 주저할 시간은 없다." 그건 누군가의 조언도, 책에서 본 문장도 아니었다. 오랫동안 눌러두었던 내면의 잔해가 마침내 터져 나와, 나 자신을 향해 던진 절박한 외침이었다. 작고 미약했지만, 그 속에는 이전과는 다른 결기와 온기가 깃들어 있었다. 마치 멈추어 있으면 살아낼 수 없고, 무언가를 시작해만 다시 숨 쉴 수 있다는 것을 일깨워 주는 심장이 뛰기 시작했다.

파커 파머의 《Let Your Life Speak》에는 "삶은 우리에게 속삭인다. 진짜 목소리는 외부의 소음이 아니라 내 안에서 흘러나온다"라는 문장이 있다. 그날 들려온 속삭임이 바로 그것이었다. 누군가의 위로나 조언도 아닌, 오직 내 안에서 터져 나온 목소리였다. 기다리거나 버팀으로는 절망을 건널 수 없었고, 고통을 이겨낼 수 없었다,

스스로 무언가를 시작하지 않으면 삶은 무너져 버릴 것이라는 사실을 그때 깨달았다. 그 깨달음은 결심이라기보다, 다시 살아야만 한다는 절박한 선언이었다. 물러설 곳이 없었기에, 주저할 이유조차 남지 않았다. 그날의 그 목소리가 방향이 되었고, 그 방향이 나를 다시 일으켜 세웠다.

그날 들려온 속삭임은 누구도 대신해 줄 수 없는 결단, 그건 오직 내 안에서 내려야 할 약속이었다. 기다림만으로는 고통이 사라지지 않았다, 다시 일어설 힘은 언제나 내 안에 있었다. 그 깨달음은 결심이 되었고, 결심은 방향이 되었다. 핑계를 만들지 않기로, 나 자신을 방치하지 않기로 다짐했다. 그 다짐은 나 자신을 저버리지 않겠다는 약속이었다. 그리고 그 약속이 왜 그토록 힘겨웠는지, 이제야 이해할 수 있다.

누구도 내 고통을 대신 짊어질 수 없었고, 누구도 내 자리에 서 줄 수 없었다. 곁에 사람이 있어도, 다정한 위로가 있어도, 넘어진 삶을 다시 일어서는 일은 나 혼자의 몫이었다. 그 사실이 외로웠고, 또 견디기 힘들었다. 누군가 대신 살아줄 수 있다면 얼마나 좋을까. 수없이 바랐지만, 그럴 수 없다는 현실은 더 큰 절망으로 다가왔다. 하지만 그

외로움 속에서, 스스로 선택해야 한다는 냉정한 진실이 나를 일으켜 세웠다.

남이 대신할 수 없는 싸움, 남이 대신 걸어줄 수 없는 길이었다. 비록 힘들고 외롭더라도 나 자신만이 나를 다시 일으킬 수 있다는 자각은, 차갑게 다가왔지만, 버팀목이 되어 주었다. 그 위에서 내면의 속삭임은 여전히 이어졌다. "나를 포기하지 말자." 그 짧은 결심이 불씨가 되어, 삶은 다시 나아가기 시작했다. 확실한 건 아무것도 없었다. 그러나 선택했다. 지금 이 자리에서 다시 살아보기로.

"삶을 포기하지 않겠다는, 말없이 꺼지지 않는 의지로, 지금 나를 다시 살리고 있다." 그 문장은 선언이 되었고, 동시에 증언이 되었다. 무너진 자리에서도 다시 한 걸음을 내디딜 수 있었다. 과거에 머물지 않고 오늘을 온전히 살아내겠다는 의지. 무기력과 절망 속에서도 멈추지 않겠다는 약속으로 이어졌다. 절망 속에서도 멈추지 않겠다는 다짐. 그 다짐이 작지만 확실한 변화를 만들었고, 그 변화들이 포개져 삶은 다시 숨을 쉬기 시작했다.

💡 책 한 권에서 시작된 불씨

어느 날 저녁, 그날도 산을 한 바퀴 헤매며 울다시피 내려왔다. 발걸음은 무겁고, 가슴은 텅 빈 울림만 남아 있었다. 그렇게 비틀거리며 문을 열고 들어와 무심코 서재 책장 앞에 섰다. 손은 의식보다 먼저 움직였고, 책꽂이에서 꺼낸 것은 이시형 박사의 《공부하는 독종이 살아남는다》였다. 우연히 손에 쥔 책일 뿐, 거기에 의미를 기대한 것도 아니었다. 그저 손이 닿는 대로 꺼낸 한 권이었다. 하지만 그 한 권이, 잃어버린 숨을 다시 이어주었다.

글자는 눈에 들어오지 않았다. 문장을 따라가려 해도, 단어들은 금세 흐려지고 사라졌다. 집중은커녕 책을 붙잡고 있다는 사실조차 버거웠다. 그러나 이상하게도 책장을 넘기는 행위만으로도 위로가 되었다. 그 짧은 순간만큼은 무너진 현실의 그림자가 조금은 뒤로 밀려났고, 가슴속에 흩어진 감정의 잔해가 조금씩 가라앉는 듯했다.
그때의 책은 지식의 도구도 문제를 해결해 주는 열쇠도 아니었다. 그저 버티기 힘든 하루의 끝에서, 무너져 내린 마음을 붙잡아 주는 작은 지지대였다. 아무 의미 없이 넘기는 종이의 바스락거림이, 마치 "아직 끝나지 않았다"라는 미약한 신호처럼 다가왔다. 그 미세한 울림이 내 안의 허공을 채우며, 아주 작지만 분명한 숨통을 열어주었다.

책 속에는 나와 다르지 않은 사람들이 있었다. 그들 역시 절망 속에서 책을 붙잡았고, 좌절 속에서도 포기하지 않았다. 어떤 이는 삶이 무너져도 다시 책을 펼쳤고, 어떤 이는 끝없는 좌절 속에서도 글자를 하나를 붙드는 일을 멈추지 않았다. 그들의 이야기는 화려하지 않았고, 성공의 서사가 아니라, 하루를 버티기 위한 기록이었다. 무채색의 문장들 속에 그들이 견뎌낸 시간의 결이 고스란히 남아 있었다.

그들이 전한 메시지는 단순했다. "도망가지 마라. 끝까지 붙들어라. 포기하지 마라." 짧은 문장이었지만, 그 울림은 위로의 언어와는 달랐다. 상처를 쓰다듬는 온기라기보다, 깊은 잠 속에서 흔들어 깨우는 강렬한 신호 같았다. 피하고만 싶었던 내 안의 두려움과 마주하게 했고, 움츠린 마음 구석에 다시 불씨 하나가 살아났다. 그 문장들은 오랫동안 꺼져 있던 내 안의 작은 등불을 흔들어 깨우는 듯했다.

무너진 삶 앞에서 "이제는 끝났다"라고 체념하고 있던 나에게, 어딘가에서 "아직 아니다"라고 속삭이는 소리가 들렸다. 그것은 책 속 문장이 아니라, 내 안에서 다시 살아야겠다는 생각을 품게 한 첫 불씨였다. 작고 미약했지만, 그 불씨는 차갑게 식은 마음을 다시 덥히기 시작했다. 그 밤, 아무도 모르게 회복의 첫 발걸음이 시작되었다.

처음에는 분명 도피였다. 그러나 도피는 차츰 생존의 방식으로 변했다. 공부는 눈앞의 현실을 바꾸지 못했지만, 그 끔찍한 현실을 버티게 했다. 삶의 가장 낮은 곳에서 나를 붙들어 준 유일한 존재가 책이었다. 책장은 다시 살아가기 위한 발버둥이었고, 무너진 자리에서 다시 일어서려는 간절한 몸짓이었다.

하루 또 하루 쌓여, 새로운 시작이 되었다. 눈앞의 절망은 여전했지만, 책을 붙잡는 일만큼은 스스로 선택한 삶의 증거였다. 결심만으로는 하루를 버틸 수 없었다. 넘어진 자리에서 다시 서기 위해선, 마음이 아니라 구체적인 무언가가 필요했다. 그 빈자리를 채운 것은 다름 아닌 공부였다. 현실을 당장 바꾸지는 못했지만, 세상의 소음을 잠시 내려놓고 책을 붙드는 시간은 무너진 하루를 버티게 해주었다. 그 시간 속에서 다시 살아야 할 이유가 조금씩 밝혀 주었다.

💡 조용한 활자 속의 변화

절망의 끝에서 마주한 책 한 권. 거창한 의지도, 분명한 목적도 없었다. 그저 울음을 멈추고 싶었고, 마음속을 가득 채운 소음을 잠시라도 덜어내고 싶었다. 삶의 균형이 완전히 무너진 자리에서 어디에서도 답을 찾을 수 없었고, 누구를 만나도 해결할 수 없는 문제뿐이었다. 모든 것이 닫혀버린 듯한 막막함 속에서, 무언가를 하지 않으면 숨조차 쉴 수 없을 것 같았고, 그 자리에 그대로 주저앉아 죽어버릴 것 같은 심정이었다.

그때 손에 쥔 것은 단지 책 한 권이었다. 글자가 눈에 들어오지 않아도 괜찮았다. 문장은 금세 사라졌지만, 책장을 넘기는 동작만으로도 숨통이 조금은 트였다. 활자 하나하나가 바위처럼 무겁게 다가왔지만, 그 무게 속에서 반복되는 읽기와 넘김이 마음 한구석에 아주 미세한 균열을 냈다. 그 균열은 눈에 보이지 않을 만큼 작았지만, 그 틈으로 스며든 빛이 감정의 폐허 위에 자라나기 시작했다.

차갑게 굳어 있던 마음속에 아주 미약한 온기가 번져오기 시작했다. 그것은 문제를 해결해 주는 답이 아니었고, 미래를 바꿀 확실한 길도 아니었다. 다만 "아직 끝난 것은 아니다"라는, 생존의 신호 같았다. 그날의 책은 나를 살려 준 작은 숨구멍이자, 다시 살아야 한다는 몸부림의 시작이었다.

깊은 밤, 아무 생각도 없이 책을 읽는 그 시간만큼은 세상에서 가장 안전한 공간이었다. 낮 동안 사람들의 시선과 질문, 그리고 나 자신을 향한 끝없는 자책이 그 순간만큼은 숨을 돌릴 수 있었다.

그 누구도 마주하지 않아도 되었고, 어떤 평가나 판단을 감당하지 않아도 됐다. 가면을 벗은 채, '있는 그대로의 나'로 머물러 있을 수 있었다. 그 사실만으로도 위로가 되었다. 책 속 문장들은 인생의 문제를 해결해 주지는 않았다. 빚을 갚아주지도 않았고, 사라진 것을 되돌려 주지도 않았다. 그러나 무너짐을 견디는 힘을 남겼다. 한 줄 한 단어가 내 안으로 스며들며, 멈춰 있던 내면이 아주 느리게 다시 움직이기 시작했다.

그날 이후, 밝아오는 아침이 두렵지 않다고 말할 수는 없었다. 여전히 눈을 뜨는 일은 버거웠고, 하루를 맞이한다는 건 가슴을 짓누르는 압박이었다. 그러나 단 한 줄이라도 읽고 싶다는 간절함, 오늘 하루를 의미 없이 흘려보내지 않겠다는 작은 다짐이, 삶을 지탱하는 가장 가느다란 줄이 되어 주었다. 책을 읽는다는 것은 지식을 쌓는 일이 아니었다. 그것은 나를 지키는 일이었고, 세상과 다시 손을 잡기 위한 첫걸음이었다. 무엇보다 잃어버렸던 나에게 서서히 돌아가기 위한 내면의 여정이었다.

현실은 변하지 않았다. 해결되지 않은 문제들은 산처럼 쌓여 있었고, 복구되지 않은 손실은 내 어깨를 짓눌렀다. 그러나 어제의 나와 오늘의 나는 분명 달랐다. 혼란과 절망 속에서도 가까스로 자신을 잡아줄 작은 줄 하나를 발견한 사람처럼, 내 안에는 서서히 변화의 싹이 자라고 있었다. 책장을 넘기며 마주한 짧은 문장들이 마음속에 남아, 외면했던 내면을 다시 마주할 용기를 불러왔다. 망가진 마음을 복구할 수 있다는 믿음을 되살려 주었다, 그 믿음이 내 안에서 천천히 자라 삶을 다시 움직이게 하고 있었다.

삶은 여전히 거칠고, 상처는 쉽게 아물지 않았다. 그러나 예전처럼 무기력하게 버티기만 하던 내가 아니었다. 현실은 그대로였지만, 그 현실을 바라보는 마음이 달라지고 있었다. 흘려보내는 하루가 아니라, 조금씩 의미를 붙잡아 내는 하루가 되었다. 그 작은 변화가 소리 없이, 그러나 깊게 나를 움직였다. 눈에 띄지는 않았지만, 그 힘은 내 삶을 다시 일으켜 세우는 가장 진실한 회복의 시작이었다.

3장

공부는 내 인생의 리셋 버튼이었다

공부는 내 인생의 리셋 버튼이었다

처음부터 정답은 없었다. 무너진 삶을 버티기 위한 피난처로 붙든 공부는 어느새 나를 다시 일으키는 힘이 되어 있었다. 세상의 틀에서 벗어나 스스로 길을 만들어 가는 일, 그것이 절박함이 만들어 낸 첫걸음이었다.

소크라테스의 "배움은 고통스럽지만 무지를 깨닫는 순간 자유로워진다"라는 사상처럼 흔들리고 저항하던 시간은 혼란이 아니라, 새로운 방향을 찾아가는 통로였다. 그리고 어느새, 누구도 모르는 사이 나는 다시 걷고 있었다.

공부는 인생을 되돌리는 버튼이 아니라, 무너진 삶을 껴안은 채 다시 걸어가기 위한 과정이었다. 그 과정, 속에서 넘어짐조차 새로운 출발임을 배워가고 있었다.

1. 정답 없이, 시작부터 흔들렸다

💡 살기 위한 피난처에 찾아온 기회

살아남기 위해서는 피난처가 필요했다. 그러나 어디에도 기댈 수 없었고, 붙잡을 것도 없었다. 책상 앞에 앉아 책장을 넘기는 행위는 잠시 숨통을 틔워주었지만, 곧 다시 끝이 보이지 않는 어둠이 밀려왔다. 시간은 하루와 하루를 구분하지 못한 채 흘러가고, 의식은 현실의 무게에 눌려 점점 희미해졌다. 계획도 사라지고, 열망도 식어갔다.

희망은 먼 기억처럼 아득해졌다. 공부는 사치처럼 멀게 느껴졌고, 살아 있다는 사실조차 감당하기 벅찼다. 그 무게는 세상의 압력보다도 내 안의 절망이 만들어 낸 그림자였다.

세상과의 모든 연결이 두려웠다. 사람들의 말 한마디, 스쳐 가는 시선 하나에도 가슴이 움켜쥐어 조여드는 듯했다.

책임도 감정도, 그리고 관계마저 버거웠다. 누군가와 마주 앉아 대화하는 것보다 차라리 침묵 속에 머무는 편이 나았다. 그 고요가 오히려 나를 지켜주는 보호막처럼 느껴졌다.

그때 찾아낸 피난처는 책상 위, 한 권의 책이 놓인 자리였다. 세상과 단절된 그 공간에서만 모든 것을 잊고 잠시 숨을 고를 수 있었다. 거기에서는 어떤 말도 필요 없었고, 억지로 미소를 지을 이유도 없었다. 오직 나 자신만으로 머물 수 있는 시간 그 시간이 나를 다시 붙잡아 주었다.

그때 손에 들린 《미움받을 용기》는 아들러 심리학을 바탕으로 "과거가 아닌 지금 이, 순간을 어떻게 살아갈 것인가"라는 질문을 던지는 책이었다. 무심히 페이지를 넘기던 중 한 문장이 날카롭게 가슴을 찔렀다. 굳어 있던 내면을 흔들어 깨우는 작고도 강렬한 신호였다.

"사람은 과거의 원인에 의해 결정되는 존재가 아니라, 지금의 목적에 의해 움직이는 존재다." 그 문장을 읽는 순간, 오랫동안 닫혀 있던 마음에 작은 균열이 생겼다. 그 틈 사이로 '이해된다'라는 감각이 스며들었다. 지쳐버린 감정 위에 미세한 미소가 번졌고, 그것은 사소하지만 분명한 반응이었다. 마치 내 안 어딘가에서 '아직 살아 있다'라는 신호가 깜빡인 듯했다.

공부가 눈앞의 삶을 바꾸지는 못했다. 불안은 여전히 곁에 머물렀고, 상황은 아무런 진전 없이 제자리에 머물렀다. 그러나 책은 오래도록 외면해 온 감정을 마주 보게 했다. '아무에게도 발견되지 않고 숨고 싶다'라는 마음이 사실 '있는 그대로 받아들여지고 싶다'라는 절박한 바람이었다는 것을 깨닫게 했다.

도망치듯 펼친 책은 처음에는 세상으로부터 숨기 위한 도피였지만, 뜻밖에도 그 도피는 나를 다시 만나게 했다. "지금 이 자리에서 어떻게 살 것인가를 선택하는 것이 곧 인생이다." 그 선택은 거창한 결단에서 비롯된 것이 아니었다. 한 줄의 문장을 따라 눈을 움직이는 작은 실천에서 시작됐다. 그 반복 속에서 감정의 파도에 휩쓸리지 않고 하루를 건널 수 있었다. 스스로를 지켜내려는 작은 행동이 회복을 시작했다.

그때의 공부는 성장이나 준비를 위한 일이 아니었다. 성공을 위한 도구도, 미래를 설계하기 위한 전략도 아니었다. 그저 나 자신을 지켜내기 위한 가장 인간적인 몸부림이었다.

책을 펼치는 일은 현실을 벗어나려는 도피가 아니라, 버티기 위해 숨을 고르는 일에 가까웠다. 누구도 대신해 줄 수 없는 시간 속에서 그 순간만큼은 세상의 소음이 잦아들었고, 나 자신을 다시 마주할 수 있었다.

누구에게 보여줄 성과가 아니라, 나 자신을 버리지 않기 위한 선택이었다. 그 선택이 쌓여 하루를 버티게 했고, 그 버팀이 다시 살아가게 하는 힘이 되었다. 책은 그렇게, 삶의 잔해 위에서 나를 다시 이끌어내는 피난처가 되어 주었다.

💡 시스템 밖에서의 공부

어느 날, 뜻밖의 연락이 찾아왔다. 한때 강의로 인연을 맺었던 대학 교수님이 석사과정을 권유했다. 처음에는 놀라움이 앞섰다. 이런 상황에 공부라니, 과연 감당할 수 있을까. 이미 삶은 벼랑 끝에 서 있었고, 매 순간 생존의 문제로 다가왔다. 그러나 이상하게도 그 제안이 낯설지 않았다. 어딘가로 향해야 할 길이 막막했던 내게 그 연락은 어둠 속에서 내민 한 줄기 빛처럼 느껴졌다.

오래 고민하지 않았다. 복잡하게 얽힌, 생각에서 벗어나 삶의 균형을 되찾기 위해선, 한 가지에 집중할 수 있는 틈이 절실했다. 일도 없고, 삶의 동력도 잃어버린 지금, 공부는 도망이 아니라 살아남기 위한 피난처처럼 다가왔다. "지금이 기회다. 늦었다고 생각할 때가 가장 빠를 때다." 마음속 깊이 속삭이며 다시 걸음을 떼었다. 그 말은 위안이 아니라, 다시 살아보겠다는 결심이었다. 누군가의 권유가 아니라, 의지로 붙잡은 새로운 길이었다.

눈앞의 상황은 당장 해결할 수는 없었지만, 학문의 길 위에서는 마음을 정리할 수 있을 것 같았다. 공부가 답이 될지는 알 수 없었다. 그러나 답이 아니어도 괜찮았다. 지금 필요한 것은 해답이 아니라, 방향이었다. 흩어진 삶을 붙들어 줄 자리가 필요했다. 그래서 무조건 시작이었다. 석사 합격 통지서를 받았을 때, 잠시나마 가슴이 벅찼다. 그러나 곧 입학금과 등록금 고지서가 눈앞에 놓이자 설렘은 불안으로 바뀌었고, 희망은 다시 계산으로 바뀌었다. "이 돈을 어떻게 마련하지?" 눈앞이 아득해졌다. 학자금 제도를 알아봤지만, 오십 중반의 나이에서는 해당되는 것이 없었다. 학자금 대출 제도는 존재했지만, 나이 제한이 걸렸다. '다시 시작하고 싶다'라는 의지는 환영받지 못했다. 그때 처음으로 실감했다. 세상은 실패한 중년의 재도전을 격려하지 않는다는 사실을. 하지만 포기할 수는 없었다. 이번만큼은, 어떤 방식으로든 다시 걸어야 했다.

이 나이에 공부를 시작한다는 건, 누군가의 도움을 기대하기보다 스스로 길을 설계해야 하는 일이라는 뜻이었다. 등록금을 해결할 방법도, 생활의 무게를 덜어줄 보호막도 없었다. 연령의 장벽은 제도의 언어 속에서 배제의 또 다른 이름이 되어 있었다. 그러나 멈출 수는 없었다. 가진 것은 없었지만, 멈춘다면 모든 것이 끝날 것 같았다. 가난한 선택이었지만 동시에 유일한 선택이기도 했다. "감당해야 한다. 어떻게든." 스스로에게 되뇌이며 또 다른 생존 방식을 찾아야 했다. 공부는 구원의 길처럼 보였지만, 동시에 다시 살아내야 할 새로운 현실의 시작이기도 했다.

주변에서는 "돈도 없는데 그 나이에 무슨 공부냐"라는 말이 응원보다 먼저 돌아왔다. 그 말은 사실이었다. 돈이 없는 게 아니라, 이미 모든 것을 잃어버린 상황이었다. 그럼에도 고개를 끄덕여 주는 사람 하나 없이, 스스로 방향을 정하고 그 길을 걸어야 했다. 외로움은 낯설었지만, 도망쳐야 할 감정이 아니었다. 오히려 자신을 정직하게 마주하게 만드는 기회였다. 그 외로움은 속삭이고 있었다. 지금 이 길은 누구도 대신 걸어줄 수 없기에, 스스로 설계하고 스스로 책임져야 한다고. 그래서 다짐했다.

누구의 조건도 탓하지 않겠다고. 제도의 부재를 원망하기보다는 방법을 찾아 해결해 가겠다고. 없는 돈이 문제가 아니라, 모든 것을 잃었음에도 여전히 선택할 수 있다는 사실이 중요했다. 만들 수 있을 때 해결하자는 마음으로 길을 열었다. 그 시기에 깊이 새겨진 문장이 있었다. 존 맥스웰의 말이었다. "지금 이 순간 멈추지 말고 나아가라. 시련이 위대한 경험으로 바뀌고, 한 뼘 더 성장한 당신을 만날 수 있을 것이다." 그 문장은 제도보다 강했고, 조건보다 선명했다. 그리고 그 문장이 지쳐 쓰러진 나를 다시 걷게 만들었다.

아무도 대신 걸어주지 않는 길이었지만, 그 문장은 분명히 속삭이고 있었다. "그래도 갈 수 있다. 멈추지 않는다면." 그래서 멈추지 않기로 했다. 겨우 버티는 삶에서 의지로 시도하는 삶으로 방향을 틀었다. 공부는 견디기 위한 피난처가 아니라, 살아내기 위한 선택이었다. 제도의 울타리 밖에서 홀로 감당해야 하는 길은 고요한 전쟁터와도 같았다. 그러나 그 전쟁터 위에서 다시 '살아내는 나'를 세워가기로 결심은 새로운 나를 향한 출발이었다.

넘어진 삶을 일으키는 힘은 제도나 타인의 확신이 아니었다. 매일 포기하지 않고 자신을 붙드는 작고 반복적인 의지였다. 그 작은 의지들이 쌓여 다시 걷게 했다. 이 공부는 학위를 위한 과정이 아니었다. 존재를 다시 설계하고, 삶을 재정립하기 위한 내면의 선언이었다. 누구의 기준에 맞추기 위한 노력이 아니라, 나를 존중하고 가능성을 확장하기 위한 선택이었다.

그리고 마침내 깨달았다. 지금 걷고 있는 이 길이야말로 인생 후반을 진정으로 살아내게 할 출발점이라는 것을. 하지만 출발점에 선다는 것이 곧 순탄함을 뜻하지는 않았다. 다짐과 달리 흔들림은 끊임없이 밀려왔고, 저항은 예상보다 깊고 길었다. 그럼에도 멈추지 않았다. 매 순간 부딪히고, 단련하며, 다시 나를 세워가는 수밖에 없었다.

💡 절박함이 만든 첫걸음

결정을 내리기까지 긴 시간이 필요했다. "정말 이 길이 맞을까. 지금 이 상황, 이 나이에 무슨 공부란 말인가." 질문이 깊어질수록 불안은 더 크게 밀려왔고, 현실은 그 의심을 예리하게 찔러왔다. 카드 대금 명세를 아무리 외면해도 시야 끝에서 계속 걸렸다. 생활비조차 계산하기 버거운 날들이 이어졌고 숨을 고를 여유조차 없었다. 겉으로는 담담한 척했지만, 내면에서는 자기혐오와 불안이 부풀어 올라 나를 삼킬 듯했다. 무엇보다 견디기 힘들었던 건, 세상이 아닌 바로 내 안에서 들려오는 목소리였다. "이쯤에서 그만두면 안 될까. 다시 실패하면 어쩌지." 그 목소리는 남의 비난보다 훨씬 날카로웠고, 나를 가장 깊이 몰아붙였다.

그 끝없는 불안 속에서도, 결국 결정을 내릴 수밖에 없었다. 등록금 마련을 위해 고심 끝에 택한 것은 장기카드대출이었다. 위험한 선택임을 알면서도 당장 현금을 마련할 방법이 없었다. 누군가는 무모하다고 했겠지만, 그때의 마음은 달랐다. "위험하더라도 할 수 있을 때 시작해야 한다." 설명할 길은 없었지만, 마음 깊은 곳에서는 그 문장이 또렷하게 울리고 있었다. "공부라도 하지 않으면, 정말 죽을 것 같아."

그것은 불안의 토로가 아니라, 무기력 늪에서 자신을 끌어 올리기 위해, 마지막으로 내던진 몸짓이었다. 죽음보다 두려운 것은, 아무 의미 없이 흘러가는 하루 속에서 조금씩 지워져 가는 '나'였다. 삶은 이미 깊이 꺼져 있었고, 남은 것은, 희미한 숨결과 아직 사라지지 않은, 가능성뿐이었다. 더는 미룰 수 없다는 직감이 등을 밀었다. 언젠가 다시 무너질지 모른다는 두려움 속에서도 붙잡을 수 있는 단 하나의 대상을 선택해야 했다. 그것이 바로 '공부'였다. 뚜렷한 비전도, 아무런 계획도 없었다. 다만 하루를 넘어지지 않고 버텨내기 위한 수단이었다. 그러나 그 선택은 '행위'가 아니라 무너진 삶 위에 희망의 기초를 다시 세우는 시작이었다.

버텨내야 하는 하루들이 끝없이 이어졌다. 한 달 치 생활비를 계산하며 숨을 죽였고, 등록금 상환 일정을 맞추기 위해 지출을 줄였다. 평일에는 사무실로, 주말에는 학교로 향했고, 새벽까지 과제를 붙잡은 채 잠을 줄였다. 피로는 언제나 어깨에 매달려 있었고, 하루하루는 끝이 보이지 않는 전투 같았다. 겉으로 보기에는 평범한 일상이었겠지만, 내면에서는 매 순간 보이지 않는 싸움이 이어지고 있었다. 그렇지만 희미한 변화가 일기 시작했다. 한 줄의 문장을 온전히 이해했을 때, 낯선 개념을 내 언어로 설명할 수 있었을 때, 아주 미세하게 자존감이 고개를 들었다. 돌이켜 보면, 출발점은 공부를 시작한 날이 아니었다. 다시 배우겠다고 마음속에서 다짐한 그 순간, 이미 길은 열리고 있었다.

인생의 궤도를 다시 조정하기 시작한 순간이었다. 붕괴된 현실 한가운데서 "다시 살아볼 수 있다"라는 가능성을 열어둔 선언이었다. 무모했고, 불안했고, 때로는 후회도 있었지만, 그 절박함이 없었다면 다시 일어설 힘조차 남지 않았을 것이다. 무엇을 이루기 위해서가 아니라, 그저 살아 있기 위해 시작된 공부. 그 절실한 마음이 다시 걸음을 내딛게 했고, 그 걸음이 쌓여 지금의 시간을 만들었다. 공부는 생존의 수단이 아니었다. 삶을 붙드는 '의식', 무너진 나를 매일 다시 일으켜 세우는 정신적 의례였다. 그 의식은 오늘도 다시 살아가게 만드는 이유가 되어 주었다. 그러나 의식이 되었다고 해서 모든 것이 모든 것이 단단히 자리 잡은 것은 아니었다. 내면의 불안과 외부의 압박은 여전히 흔들림을 만들었고, 그 흔들림은 때때로 저항이 되어 다시 무너뜨리려 했다. 그렇게 시작된 또 다른 싸움이 있었다. 이번에는 세상과의 싸움이 아니라, 내면의 두려움과의 싸움이었다.

2. 현실을 바꾸지 못해도 나를 바꾼 시간

💡 누구도 몰랐지만, 다시 걷는 걸음

겉으로는 아무 일도 일어나지 않는 날들의 연속이었다. 변화의 조짐도, 기록할 만한 성과도 보이지 않았다. 서랍 속에 묻힌 명함은 여전히 제자리에 있었고, 은행 앱을 열 때마다 깊은 한숨이 절로 흘러나왔다. 지인들의 연락은 하나둘 줄어들었고, 초대받는 자리도 사라졌다.

응원도, 칭찬도, 관심도 없는 하루하루는 '그저 버티는 중'이었다. 겉으로 보이는 모습은 멈춘 시간 속에 갇힌 무기력한 사람에 불과했다. 그러나 아무도 몰랐다. 하루를 온전히 살아내는 일이 얼마나 치열한 싸움이었는지. 그 멈춘 듯한 시간 속에서 아주 작지만, 분명한 변화가 움트고 있었다. 몸과 마음은 여전히 무겁고 지쳐 있었지만, 그 작은 선택 하나하나에는 '그래도 움직이겠다'라는 의지가 깃들어 있었다.

공부하는 그 순간만큼은 숨이 막히지 않았다. 한 문장을 끝까지 읽어보려는 시도가 생겼다. 집중은 쉽게 흩어졌고, 불쑥 치고 올라오는 감정에 자주 흔들렸지만, 그 안에서도 끝까지 중심을 잃지 않았다. 휘청거렸지만 쓰러지지 않으려 버텼다. 그 버팀 속에서 다시 한 걸음을 떼려는 마음이 천천히 자라고 있었다. 걸음은 느렸고, 때로는 제자리걸음처럼 보였다. 그러나 이제는 바닥만 응시하지 않았다. 고개를 들어 앞을 바라보려는 의지가 생겼고, 포기 대신 가능성을 붙잡으려 애썼다. 문제를 피하지 않고 마주할 준비가 조금씩 자라나고 있었다. 그 미세한 변화 속에서, 다시 '살아 있는 나'를 느끼기 시작했다.

조던 피터슨의 《12가지 인생의 법칙》에서 "스스로를 바로 세워라. 어깨를 펴고, 고개를 들라. 그 행동은 세계와의 대면을 선언하는 첫걸음이다." 문장은 한 걸음이 아니라 세상을 향해 마음을, 일으켜 세우는 행위임을 깨닫게 했다. 삶의 혼돈 앞에서 내 안에 남아 있던 질서의 마지막 흔적을 깨워낸 신호였다. 신앙의 관점에서 보면, 쓰러진 자리에서 다시 일어나는 행위는 신의 형상을 회복하려는 몸짓과도 같았다. 절망 속에서도 하루를 살겠다는 결심은 "혼돈 속에서도 빛을 택하겠다"라는 고백과 같았다. 피터슨이 말한 혼돈은 파괴와 무질서이지만, 동시에 새로운 가능성이 움트는 땅이다. 그것은 신앙에서 말하는 '광야'와 같다. 아무도 없는 듯 보이는 척박한, 시간 속에서 버티는 일, 그 버팀은 곧 기도였고, 살아 있다는 그 자체가 신에게 바치는 고백이었다. "나는 아직 포기하지 않았다." 그 한 문장은 소리 없는 절규이자, 여전히 살아 있음을 증언하는 선언이었다.

누가 알아주지 않아도, 누가 기록해 주지 않아도 그 소리 없는 생존이 새로운 삶의 시작이었다. 신앙의 언어로 표현하자면, 그것은 작은 부활, 쓰러진 자리에서 다시 일어나 아무도 모르는 걸음을 떼는 것, 그것이야말로 인간에게 허락된 가장 위대한 기적이었다.

변화는 큰 사건으로 오지 않는다. 이불 밖으로 내딛는 한 걸음, 책상 앞에 앉아 한 줄을 읽는 사소한 행위 속에 숨어 있다. 피터슨의 말처럼 고개를 들고 어깨를 펴는 순간 행동이 혼돈을 뚫고 나가겠다는 선언이 된다. 신앙적으로는 그 작은 선언 속에 창조주가 인간에게 부여한 '살아갈 이유'가 깃든다. 그 이유는 오늘을 포기하지 않는 마음, 다시 일어서겠다는 의지 그 자체였다.

💡 흔들림과 저항의 시간

공부는 절박함에서 시작되었지만, 그 절박함이 곧 집중으로 이어지지는 않았다. 수업 시간 책상 앞에 앉는 일조차 하나의 결심이었고, 강의실 의자에 몸을 기대는 순간만큼은 모든 걱정을 내려놓고 배움에 몰두하려 했다. 그러나 몰두는 오래 지속되지 않았다. 동기들이 휴강을 원하거나, 강의가 기대에 미치지 못할 때면 마음은 언제든 달아날 구멍을 찾았다. 교재 속 문장은 눈앞에 있었지만, 마음에 닿지 않았고, 개념은 머릿속을 스쳐 지나갔을 뿐, 의미로 이어지지 않았다. 공부는 여전히 삶과 접점을 맺지 못한 채, 멀고 낯선 세계의 언어처럼 느껴졌다.

그 시기에는 지식보다 감정이 더 힘겨웠다. 집중이 되지 않는 날보다, 비싼 등록금을 내고도 '왜 이걸 해야 하지?'라는 질문이 사라지지 않는 날이 더 괴로웠다. 출발의 동기는 분명했지만, 방향은 흐릿했고, 목표는 아득하게 멀었다. "해야 한다"라는 다짐과 "하지 못한다"라는 현실이 부딪히며 갈등은 깊어졌다. 하루하루가 점점 버겁고 마음은 쉽게 지쳐갔다. 공부를 통해 무언가를 얻고 싶었지만, 원하는 지식을 손에 넣을 수 없을 때 버티는 일 자체가 더 큰 과제가 되었다. 마치 무게 중심을 잃은 채 흔들리는 시간 속을 걷는 듯했다.

의지는 있었지만, 회의와 좌절은 끊임없이 되풀이되었다. 감정의 진폭은 예상보다 훨씬 거칠었고 그 안에서 자주 휘청거렸다. 그러나 흔들림 속에서 내면 깊숙이 숨어 있던 질문과 마주하게 되었다. "이 길은 지식을 얻는 과정인가, 아니면 내 삶을 다시 살아내는 연습인가?" 그 물음은 여전히 답을 찾지 못한 채 흔들었지만, 동시에 왜 이 자리에서 있는지, 무엇을 포기하지 말아야 하는지를 매일 다시 묻게 했다.

책을 펼쳐도 페이지를 넘기지 못하는 날이 많았다. 눈은 글자를 따라가지만, 마음은 흩어지고, 문장은 손에 잡히지 않았다. 그러나 그런 날조차 포기하지 않았다. 흐릿하고 무력한 하루의 끝에서도 강의실로 향했다.

성취가 아니라, 그 자리에 다시 앉아 있다는 사실이 유일한 위안이었다. 그 시간은 성과를 위한 전주곡이 아니었다. 오히려 침묵 속에서 인내를 배우는 훈련이었다. 무엇을 해냈다는 확신보다, 아무것도 이루지 못한 날조차 자리를 지켰다는 사실이 더 중요했다. 그 반복 속에서 아주 작고 미세한 변화가 자라나기 시작했다. 단 하나의 문장이 마음에 남는 날이 있었고, 그 문장이 다음 날 책을 펼치는 이유가 되어 주었다. 눈에 띄는 변화는 오지 않았지만, 그 뿌리는 분명 그 시간 속에서 서서히 내려앉고 있었다. 공부의 출발은 욕심이 아니라 절박함이었다. 다시 숨 쉬기 위한 최소한의 이유가 필요했다. 무너진 삶의 중심에서 그나마 나를 잃지 않기 위해 할 수 있었던 마지막 시도였다.

감정은 메말랐고, 자존감은 바닥을 쳤다. 무력함이 일상이 되고, 고립이 습관이 되어 갔다. 붙잡을 수 있는 것이 아무것도 없었다. 그래서 생각했다. 지금 이 상황에서 할 수 있는 단 한 가지, 공부뿐이라고. 공부하는 순간만큼은 모든 것을 잊을 수 있었다. 시간의 흐름조차 느껴지지 않았고 이해되지 않던 개념이 어느 순간 깨달음으로 이어질 때면 작지만 기쁨이 스며들었다. 눈에 보이는 성과가 없었고, 무엇 하나 이룬 것 같지 않은 날들이 이어졌지만, 강의실에 앉는 그 반복이 조금씩 일상의 리듬을 되살리고 있었다.

어느 순간, 공부는 '살아남기 위한 버팀목'이 아니라 '살아가기 위한 일상'이 되어 있었다.

책을 펼치는 일은 고통이 아니라 하루를 버티게 하는 가장 확실한 위로였다. 노트에 단 하나의 문장을 옮겨 적는 일이 하루의 중심이 되었고, 하루에 한 번 다시 시작할 수 있는 자리가 바로 공부였다. 공부는 의무가 아니라, '아직 살아 있다'라는 감각을 되살려 주는 구체적인 실천이었다. 성과는 더뎠지만, 흔들림을 견디며 지켜낸 그 시간이 다시 살아가게 하는 기반이 되었다. 공부는 피난처가 아니라, 삶을 다시 일으켜 세우는 토대였다. 그리고 그 토대 위에서 '몰입'이라는 또 다른 세계의 문을 두드릴 수 있었다.

💡 보이기 시작한 방향

표면적으로는 아무 일도 일어나지 않는 것처럼 보였다. 그러나 내면에서는 분명 무언가가 자라고 있었다. 키에르케고르가 말했듯, "절망은 인간을 구원으로 이끄는 문"으로 그 문 앞에 선 순간, 절망은 끝이 아니라 새로운 방향을 찾아가는 시작임을 깨달았다. 고통과 무기력은 무너뜨린 것이 아니라, 오히려 신에게로, 그리고 나 자신의 깊은 내면으로 밀어 넣고 있었다.

겉으로는 멈춘 듯 보였지만, 그 시간은 '영혼의 토양을 갈아엎는 과정'이었다. 땅속에서 뿌리가 자랄 때 지상에서는 아무 변화도 보이지 않듯, 회복도 타인의 눈에는 드러나지 않았다. 그러나 그 은밀한 시간은 보이지 않는 뿌리의 힘처럼, 다시 일어설 힘을 천천히, 그러나 깊게 길러내고 있었다.

밤이 깊은 닫힌 방 안. 누구와도 마주하지 않아도 되는 고요 속에서 책을 펼쳤다. 그곳은 세상에서 가장 안전한 은신처였다. 책 속의 문장들은 즉각적인 해답을 주지 않았지만, 혼돈 속에서도 방향을 잃지 않게 해주는 작은 나침반이 되어 주었다.

오랫동안 닫혀 있던 마음의 문틈 사이로 한 문장이 흘러들었다. Roy T. Bennett의 말처럼, "방향이 보이기 전이라도 한 걸음만 멈추지 말라"라는 문장은 책 속 인물의 대사가 아니라, 내 안의 또 다른 내가 속삭이는 목소리처럼 들렸다. 그 순간 처음으로 가장 불편한 질문이 따라왔다. 정말 지금 모든 것을 내려놓아도 괜찮은가. 정말 이렇게 사라져도 되는가. 대답할 수 없었지만, 그 물음은 가슴속에 묵직한 울림으로 남아 시선을 조금씩 다른 곳으로 돌려놓았다.

과거의 질문, '왜 이런 일이 벌어졌는가'에서 현재의 질문, '지금 어디에 서 있는가'로 옮겨가기 시작했다. 여전히 문제를 해결할 용기도, 상황을 바꿀 힘도 없었다. 그러나 책 속 인물들의 이야기에 나 자신을 비추어보는 것만으로도 충분했다. 실패를 견뎌낸 사람들, 고통 속에서도 무너지지 않은 사람들. 그들의 이야기는 낯설지 않았다. 나보다 더 치열하게 흔들린 이들이었고, 그들 또한 끝내 붙잡은 것은 다름 아닌 '책'이었다. 그 순간 '공부'라는 단어가 전혀 다른 얼굴로 다가왔다.

  시험을 위한 도구도, 자격증을 위한 수단도 아니었다. 그것은 살아남기 위한 선택이었고, 나를 지켜내기 위한 몰입이었다. 책을 펼치는 행위조차 회복의 시작점이 될 수 있다는 생각이 처음으로 스쳤다. 예전의 공부가 '현실을 바꾸기 위한 수단'이었다면, 지금의 공부는 '하루를 견디기 위해 나를 바라보는 시간'이 되어 있었다.

  앞길은 아직도 보이지 않았고 마음은 요동쳤지만, 그 속에서 하나의 방향만은 선명했다. 책장을 넘기는 일은 도피가 아니라 다시 시작하고 싶다는 아주 미약하지만 꺼지지 않는 의지였다. 그 작은 흔들림이 방향을 만들고 있었고, 공부는 그곳으로 향하는 문을 천천히 열고 있었다. 누군가에게 보여주기 위한 증명도, 실패를 지우려는 대체 행위도 아니었다. 오직 다시 무너지지 않기 위해, 나를 이해하고자 열어둔 문틈이었다. 그리고 그 안에서 아주 희미하지만 분명한 한 줄기의 빛이 보이기 시작했다.

3. 다시 흘러가기 시작한 인생

💡 하루하루 다시 살아가기

공부가 삶을 단숨에 바꾸는 마법은 없었다. 극적인 반전도, 눈에 띄는 회복도 없었다. 통장의 숫자는 여전히 냉정했고, 멀어진 관계는 되돌릴 수 없었다. 어떤 날은 눈을 뜨는 순간부터 막막함이 밀려왔다. 과거의 실패는 쉽게 잊히지 않았다. 무기력함과 자책은 시간 속에서도 끊임없이 되살아났다. 사람들은 이 또한 지나가리라, 시간이 모든 것을 해결한다고 말했지만, 내 안의 상처는 오히려 더 깊게 각인되는 듯했다.

그러나 그 모든 감정과 상처 속에서도 아주 작고 조용한 변화가 움트고 있었다.

책장을 넘기며 한 문장을 천천히 따라가고, 그 의미를 곱씹는 순간들이 내 안의 '살아 있는 나'가 다시 깨어났다. 살아남기 위해 버텼던 자리가, 조금씩 살아가기 위해 앉는 자리로 바뀌고 있었다. 강의실 책상 앞은 도피의 공간이 아니었다. 그곳은 서서히 회복을 시작하는 자리, 다시 삶을 써 내려가기 위한 새로운 출발점이 되어 가고 있었다.

책 속 문장들이 마음을 흔들었고, 낯선 단어들이 이따금 나를 붙들어 주었다. 메모장에는 단어와 생각이 조금씩 쌓여갔고, 그 조각들 사이에서 '나'라는 존재가 다시 그려지고 있었다. 그것은 생존이 아니라 회복이었다. "당신이 들어가기를 가장 두려워하는 동굴 속에, 당신이 찾고 있는 보물이 있다"라는 조지프 캠벨의 말처럼, 가장 두렵던 자리, 공부라는 낯선 동굴로 들어가며 나는 다시 나를 붙들고 있었다.

예전에는 하루를 버티는 것만으로도 고통이었다. 시간은 적처럼 다가왔고, 미래는 두려움의 얼굴로 다가왔다. 그러나 책을 펼치고 문장 하나에 몰입하는 짧은 순간들이 조금씩 하루의 결을 바꾸기 시작했다. 버티는 하루가 아닌, 살아내는 하루로. 처음에는 그 변화가 무엇인지조차 알지 못했다. 하지만 그 작은 위안이 반복되면서 삶이 서서히 제자리를 찾아가고 있었다. 이해되지 않는 문장 앞에서 자책하지 않고, 다시 읽어보겠다는 여유가 생겨났다. 똑같이 반복되는 나날이었지만, 책 한 권, 문장 하나, 생각의 조각 하나가 더해질 때마다 내 안에서는 분명히 다른 방향으로의 움직임이 시작되고 있었다.

공부는 삶을 이어가는 호흡이었고, 무너진 존재를 붙들어 주는 구조물이었다. 그것은 허물어져 내린 시간을 다시 세우는 작은 기둥이었다. 불안이 밀려올 때마다 책을 펼쳤고, 문장을 따라가며 마음을 다독였다. 집중이 흐려지고 손끝이 떨리는 날조차 책을 붙들고 있었다. 그 하루들이 차곡차곡 쌓이며, 다시 '살아가는 사람'으로 돌아오고 있었다. 속도는 느렸고, 길은 보이지 않았지만, 멈추지 않고 걷고 있다는 사실 하나만큼은 분명했다. 세상은 그대로였고, 하루를 견디는 일은 쉽지 않았다. 그러나 정지된 자리에 머물지 않았다. 하루하루를 견디며 조금씩 삶의 주도권을 되찾고 있었다.

공부가 나를 바꾼 것이 아니었다. 내가 나를 바꾸고 있었고, 공부는 그 곁에 말없이 머물며 나를 지켜준 유일한 친구였다. "삶의 의미를 아는 사람은 어떤 고통도 견딜 수 있다" 그 문장이 현실이 되어 가고 있었다. 삶을 다시 찾아가는 과정, 속에서 절망은 회복으로 바뀌고 무력함은 새로운 출발이 되어가고 있었다. 흔들리고 주저앉을 때도 있었지만, 다시 일어서는 그 발걸음이 나를 세워갔다. 과거에 머물던 내가 아니라 지금 이 자리에서, 나를 다시 세워가는 사람으로서 새로운 길 위에 서 있었다.

💡 리셋 버튼의 순간

공부를 다시 시작했던 그 시점은 '결심'이나 '도전' 같은 단어로는 설명할 수 없는 순간이었다. 미래를 향한 의욕도 목표를 향한 열망도 아니었다. 그저 하루를 무사히 견뎌보려는 절박한 심정이었다. 자존감은 이미 바닥을 뚫고 내려갔고, 자신에 대한 신뢰는 오래전에 사라졌다. 무기력은 하루의 기본값처럼 내 안에 자리했고, 하루의 시작은 늘 벼랑 끝에 선 듯한 두려움이 나를 덮쳤다.

아무에게도 닿지 못한 마음이, 대신 책의 문장 속으로 피신했다. 무언가를 배우겠다는 의지도, 변화도 바라지 않았다. 단지 너무 지쳐 있었고, 말 한마디조차 힘겨웠으며, 침묵 속에서 숨을 고를 작은 공간이 필요했을 뿐이었다. 그런데 놀랍게도 공부에 몰두하는 순간만큼은 고통이 잠시 잦아들었다. 책은 비난하지 않았고, 어떤 판단도 내리지 않앉다. 침묵 속의 문장들이 내 안으로 스며들며, 아주 천천히 '나'라는 존재와 다시 마주하게 했다. 읽는 동안에는 몰랐지만, 책장을 덮은 뒤 찾아온 고요 속에서 깨달았다. 허무는 여전히 곁에 있었지만, 그 무게가 예전보다 가벼워졌다는 것을. 공부를 선택한 이유조차 분명치 않았다. 뚜렷한 계획이 있어서가 아니라, 무엇이라도 붙잡지 않으면 나 자신이 무너질 것 같은 불안 때문이었다.

무모하게 도전한 석사과정은 처음엔 의미 없는 몸부림 같았지만, 어느새 공부는 의식을 유지하기 위한 호흡처럼 삶 속에 스며들고 있었다.

그리고 바로 그 '의미 없는 반복' 속에서 아주 미세한 변화가 시작되고 있었다. 과거를 되짚는 시간이 줄어들고, 눈앞의 문장 하나에 집중하는 시간이 늘어났다. 그 몰입이 가능하다는 사실만으로도 작은 기적이었다. 찰스 두히그는 《습관의 힘》에서 "변화는 거대한 결심이 아니라 작은 습관에서 시작된다"라고 말한다. 정말 그랬다. 매일 책을 펼쳐 문장을 따라가는 습관이 삶을 다시 굴러가게 하는 리셋 버튼이 되고 있었다.

그 반복은 인생을 단숨에 새롭게 바꾸지는 못했지만, 쓰러진 나를 조금씩 일으켜 세우는 회복의 시작이 되고 있었다. 공부는 잃어버렸던 삶의 주도권을 되찾는 과정이었다. 완벽하지 않아도 괜찮았다. 삶의 문제를 모두 해결할 수는 없었지만, 그 문제 앞에 서는 나의 태도는 분명 달라지고 있었다. 어제와 크게 다르지 않은 오늘 속에서도, 다시 살아가겠다는 의지가 깨어나고 있었다. 그것은 작지만 삶을 다시 움직이게 하는 변화였다. 세상과 다시 연결되는 길이 아니라, 나 자신과 다시 이어지는 다리가 놓이고 있었다. 빠른 성과를 좇던 조급함은 서서히 사라지고, 모르는 나를 인정하며 들여다보는 시간이 깊어졌다. 눈앞의 상황을 즉시 바꾸지는 못했지만, 그 시간들은 내면을 흔들어 삶의 방향을 조금씩 틀어 놓았다.

막혀 있던 호흡이 다시 흐르기 시작했고, 마치 오래 멈춰 있던 인생의 스위치가 켜지는 듯했다. 예전보다 단단해졌고, 조금은 온전해졌다. 실수도 주저앉음도 여전히 있었지만, 그 모든 순간에도 '시작하고 있는 나'로 존재할 수 있었다.

공부는 살아갈 이유를 직접 말해주지는 않았지만, "그래도 살아가겠다"라는 결정을 내릴 수 있도록 붙들어 주었다. 그 결정을 내릴 수 있었다는 사실만으로도 충분했다. 거창하지 않았지만, 인생의 결을 다시 맞춰준 변화였다. 지금 이 자리에 다시 설 수 있는 이유. 그것은 공부가 내 삶의 멈춘 시계를 다시 움직이게 만들었기 때문이다.

💡 과거에서 미래로의 전환

배움이 처음부터 내게 미래를 보여준 것은 아니었다. 그 시작은 오직 지금 이 자리에서 무너지지 않기 위한 단순하고도 절박한 선택이었다. 책장을 넘기는 일은 고통스러운 시간을 잊기 위한 버팀목이었고, 목표도 비전도 없었다. 그저 망가지지 않기 위해, 눈앞의 한 문장을 마음을 붙들고 다시 흔들리지 않으려는 몸부림뿐이었다.

시간이 흐르며 반복 속에 작은 균열이 생겼다. 과거를 되돌리려는 집착은 옅어지고, 아직 오지 않은 시간에 대한 두려움 대신 '지금'이라는 순간에 시선이 머물기 시작했다. 그 무렵 만난 에크하르트 톨레의 《지금 이 순간을 살아라》 속 문장은 내 마음을 깊이 흔들어 놓았다. "과거나 미래는 마음속의 생각일 뿐, 오직 지금 이, 순간만이 진짜 삶이다." 그 구절이 멈춰 있던 내 시간을 다시 움직였다. 과거의 상처에 매달려 허무 속을, 헤매는 것도 오지 않은 내일을 불안 속에서 그려내는 것도 모두 삶을 놓치는 일이었다.

공부는 도피가 아니었다. 지금 이, 순간을 붙드는 연습이었고, 나 자신을 다시 세우는 '학문의 길'이었다. 지식이 아니라 존재를 다시 일으켜 세우는 사유의 과정, 그것이 진정한 배움의 시작이었다.

과거를 지우려는 발버둥은 멈추고, 미래를 걱정하는 불안도 조금씩 내려놓기 시작했다. 대신 '오늘'이라는 구체적인 시간 속에서 한 문장을 읽고, 한 줄을 쓰며, 나 자신을 다시 정의하는 길을 걸었다. 학문은 현실을 당장 바꾸어 주진 않았지만, 매일의 '지금'을 충실히 살아내게 도와주었다. 그것은 조용하지만 가장 확실한 전환이었다. 삶은 과거로 돌아가는 것이 아니라, 지금 여기에서 다시 시작해 앞으로 나아가는 것임을 배움으로 일깨워 주었다.

실패는 끝이 아니라, 방향을 다시 잡으라는 신호에 불과했다. 공부는 어느새 '살아남기 위한 수단'에서 '살아가기 위한 기초'로 전환되고 있었다.

과거에 매달려 도망치듯 책을 펼치던 자세는 서서히 사라졌다. 한때는 울음을 감추기 위한 피난처였던 공부가 이제는 또렷한 시선으로 내일을 바라보게 하는 배움이 되었다. 학문은 나 자신을 이해하고 세상과 다시 관계 맺게 하는 창이 되어 주었다. 글자는 상처를 덮는 도구가 아니라, 내일을 설계하는 기초 재료가 되었고, 삶의 방향을 가리키는 나침반으로 변해 있었다. 그래서 물었다. "어디로 가고 싶은가?" 그 질문 앞에서 예전처럼 주저하거나 도망치지 않았다. 이미 방향을 틀었고, 그 틀어진 방향 속에서 삶과 배움, 그리고 학문을 겹쳐보며 하루를 살아내고 있었다.

겉으로 보이는 눈에 띄는 변화는 없었다. 세상은 나를 알아주지 않았고, 보여줄 성과나 기록도 없었다. 그러나 내면은 분명 달라지고 있었다. 선택의 무게를 회피하지 않고, 매 순간 내면 깊은 곳에서, 나만의 길을 다시 그려갈 힘이 서서히 움트고 있었다. 삶은 과거로 되돌리는 일이 아니었다. 되돌릴 수도 없었고, 되돌려야 할 이유도 없었다. 삶은 순간마다 새롭게 선택하는 연속이었고, 그 선택들이 모여 조금씩 앞으로 나아가게 했다. 책상 앞은 피난처가 아니라, 다시 삶을 세우는 작업대였다. 그곳에서 도망이 아닌 시작이, 절망이 아닌 방향이 만들어지고 있었다. 배움은 타인의 시선을 의식하지 않고도 내 안의 의미를 빚어내는 과정이 되었다. 세상이 알아주지 않아도 괜찮았다. 중요한 건 외부의 평가가 아니라, 쓰러진 나를 다시 일으켜 세우는 작은 결심과 반복이었다. 그 꾸준한 쌓임 속에서 과거에 갇힌 존재가 아니라, 오늘과 내일을 스스로 빚어가는 사람으로 서 있었다.

4장

지식보다
나를 변화시킨 것들

지식보다 나를 변화시킨 것들

　시작은 계획도, 정답도 없이 흔들림 속에서였다. 배움을 위해 모든 것을 걸었고, 겸손이라는 자기부정 속에서 끝까지 가겠다는 결심은 죽음 앞에서도 멈추지 않았다.
　"배움은 빛을 주고, 행동은 따뜻함을 준다"라고 괴테가 말했듯, 지식은 머리를 채우는 데 그쳤지만, 학문은 거울처럼 내면을 비추며 무지를 인정하게 했다.

　빠름보다 깊음에서 더 큰 가치를 보게 되었고, 공부는 지식이 아니라 인내와의 싸움이었다. 몰입은 삶을 다른 궤도로 바꾸었다. 패배자의 자리를 벗어나 도전자의 길로 옮겨 섰고, 두 번째 인생은 성취가 아니라 존재를 다시 세우는 과정이 되었다. 배움은 나를 새롭게 빚어내는 여정이었다.

1. 배움을 위해 걸었던 모든 것

💡 겸손이라는 자기부정

오랫동안 '겸손'을 자기 절제의 미덕이라 착각하며 살아왔다. 그 태도는 겉보기에 삶을 온전히 통제하는 성숙함처럼 보였지만, 실은 내 안의 가능성을 서서히 지워내는 방식이었다. 브레네 브라운의 《마음 가면》 속 문장이 마음을 꿰뚫었다. "겸손은 자기 자신을 낮추는 것이 아니라, 있는 그대로의 자신을 받아들이고, 나아가려는 힘이다." 그 문장을 읽는 순간 오랫동안 착각 속에 머물러 있었다는 사실을 깨달았다.

나이를 먹는다는 건 세상 앞에서 목소리를 낮추고 내면을 설득하는 일이라 여겼다. "이 정도면 됐지." "이 나이에 뭘 더 바라겠어." 그렇게 타이르며 안정과 체념을 합리화했다. 그러나 돌이켜 보면 그 말투와 태도는 진정한 성숙이 아니었다. 도전의 문을 닫고 가능성을 잘라내는 습관이었다. 나를 지켜주는 겸손이 아니라, 움츠러들게 만드는 자기부정에 가까웠다. 평온한 표정 뒤에는 이미 멈춰버린 마음이 숨어 있었다. 실상은 어떤 시도도 하지 않으려는 자기부정의 장치였다.

겸손은 보호막이 되지 못했고, 오히려 존재를 점점 더 투명하게 만들었다. 사람들 속에서 무난하게 섞여 살아갔지만, 어느 순간부터 내면의 목소리는 사라졌다. 그 공백은 실패에 대한 두려움, 변화에 대한 불안, 스스로에 대한 불신으로 가득 메워졌다. 그때 떠오른 문장은

《공부하는 독종이 살아남는다》속 구절이었다. "나이와 상황은 핑계가 될 수 없다. 중요한 건 지금 이, 순간의 태도다." 그 문장에 밑줄을 긋고 한참을 멈춰 섰다. 숨을 고르듯, 내 삶을 다시 바라보듯 오래 머물렀다. 되돌아보니, 자기부정을 겸손이라 착각하며 살아온 날들이 참으로 길었다. 그건 성숙의 흔적이 아니라, 상처받지 않으려 두른 자기 방어막이었다. 겸손이라는 이름을 씌웠을 뿐, 사실은 두려움에 밀려 계속 뒤로 물러나고 있었다.

그러던 어느 날, 아주 작지만 분명한 울림이 내 안에서 일었다. 그것은 생존의 몸부림이 아니라 살아 있다는 사실을 확인하고 싶다는 갈망이었다. 의미 없는 호흡이 아니라 존재 그 자체를 증명하고 싶은 열망이었다. 그래서 배움을 택했다. 남들이 보기엔 무모한 시도였지만, 그것은 무너진 삶을 다시 세우기 위한 유일한 길이었다. 공부는 선택이 아닌, 다시 살아보기 위한 선언이었고 나 자신을 다시 마주하기 위한 도전이었다. "그 나이에 공부를 왜 하세요?", "졸업하면 몇 살인데요?" 무심히 던져진 질문들은 한동안 마음에 깊은 흔적을 남겼다. 어떤 날은 비웃음처럼 들렸고, 또 어떤 날은 안쓰러운 시선처럼 다가왔다. 그러나 그 질문들 속에서도 흔들리지 않고 나를 지켜낸 건 남들의 시선이 아닌 '배움을 통해 다시 살아가겠다는 의지'였음을.

그들에게는 빚과 손실, 무너진 커리어, 줄어든 인간관계가 선명했을 것이다. 따라서 내 선택은 이해할 수 없는 고집처럼 보였을지도 모른다. 어떤 이는 동정 어린 표정을 지었고, 또 다른 이는 "이제 그만해도 되지 않겠느냐"라고 충고했다. 그러나 그 모든 반응 속에서 중요한 것은 그들의 판단이 아니었다. 내가 나를 어떻게 바라보느냐 그 한 가지가 본질이었다. 남의 기준으로 가능성을 재단하지 않겠다고 결심했을 때, 삶은 조금씩 확장되기 시작했다. 타인의 시선 속에서 움츠러들던 내가 아니라, 내 선택을 붙들고 살아가는 내가 드러나기 시작했다. 비웃음도, 안쓰러움도, 동정도 중요하지 않았다. 중요한 건 하나, 내가 내 삶을 포기하지 않았다는 사실이었다.

겸손이라는 이름 아래 기대어 포기하던 삶은 내 것이 아니었다. 타라 웨스트오버가 《배움의 발견》에서 말했듯, "배움은 새로운 삶의 문을 열어주는 열쇠"였다. 그 문장은 내 안의 닫힌 문을 두드리는 울림이 되었고, 서툴고 부족해도, 나를 믿고 다시 배움을 선택할 수 있게 해주었다. 배움은 나이를 지우는 것이 아니라, 그 나이를 새로운 힘으로 바꾸어 주었다. 석사과정을 마친 뒤에야 알 수 있었다. 겸손이란 자신을 낮추는 것이 아니라, 나아갈 수 있다는 가능성을 품는 태도라는 것을. 이제는 단호히 말할 수 있다. 겸손은 주저함이 아니라 확신의 언어이고, 체념이 아니라 성숙이며, 포기가 아니라 성장이다. 나이를 겸허히 받아들이되, 그 무게만큼 더 멀리 가겠다는 다짐으로 살아간다. 오늘도 다시 다짐한다. "아직, 나를 포기하지 않았다." 수없이 멈추고 무너졌지만, 끝까지 가보겠다는 마음 하나로 다시 선다. 흔들려도 괜찮고, 넘어져도 괜찮다. 중요한 건 멈추지 않고 다시 걷고 있다는 사실이다.

💡 끝까지 가보려는 결심

수없이 무너지고 다시 일어나는 과정을 거듭한 끝에 마침내 입 밖으로 내뱉을 수 있었던 말이 있었다. "이번엔, 끝까지 가보자." 흔들림도, 회피도, 이제는 부끄럽지 않았다. 그 모든 시간이 이 결심을 준비해 온 과정이었음을 알았다. 배움은 도피가 아니었다. 살아남기 위한 수단도 아니었고 살아내기 위한 길이었다. 석사과정을 마친 뒤 다시 한번 도전의 문을 두드렸다. 박사과정이라는 더 높은 산을 향해 걸음을 내디뎠다. 누구의 권유도, 보장도 없었다. 그러나 오래 품어온 열망, 학문의 꼭대기 끝까지 닿아 보고 싶다는 간절함이 나를 이끌었다. "돈도 한 푼 없으면서 무슨 공부냐", "졸업하면 몇 살이냐"라는 냉소와 시선이 따라왔지만, 피하지 않았다. 대신 마음속으로 이렇게 속으로 답했다. '늦었지만, 지금부터라도 배우며 살아가고 싶다고, 배우는 동안만큼은 살아있음을 느낄 수 있다고.'

박사과정을 시작하며 가장 먼저 마주한 것은 '모름'이 아니었다. 두려움은 그 모름을 인정하지 못하는 내 안의 오만함이었다. 전문가라는 껍질 속에 갇힌 채, 실수할 권리마저 내려놓은 무거운 기대를 짊어지고 있었다. 질문 앞에서 곧바로 답을 내놓으려 했고, 잠시라도 머뭇거리면 무능하다는 낙인이 찍힐까 두려웠다. '모르는 나'를 인정하는 일은 사실의 고백이 아니라, 존재의 기초를 흔드는 일처럼 아프고 낯설었다. 그래서 늘 조급했고, 완벽하지 않아도 빠르게 답을 만들어내며 빈틈을 감추려 했다. 그러나 그런 태도는 학문을 얕게 만들고 배움을 닫힌 울타리 안에 가두어 버렸다.

좌절이 반복될수록 조금씩 깨닫게 되었다. 정답을 내놓지 않아도 괜찮다는 사실을. 누군가에게 완벽한 답을 주지 못해도, 진심 어린 질문 하나만으로도 이미 충분히 의미가 있다는 것을. 그때부터 공부는 '더 아는 사람'이 되기 위한 수단이 아니라, '더 진실한 나'를 발견하는 과정이 되었다. 배움은 성취의 도구가 아니라, 나를 비우고 다시 채우는 과정이었다. 조급하게 결과는 좇던 태도에서 물러나, 느리더라도 사유의 깊이를 따라가는 법을 배웠다.

그 변화의 시작은 어느 날 문득 떠오른 한 문장에서 비롯되었다. "지금 배우려는 너는 이미 충분히 의미 있어." 책에서 읽은 문장이지만, 사실은 내 안에서 오랜 시간 눌려 있던 목소리였다. 그날 이후 학문은 나를 증명하기 위한 무기가 아니라, 삶을 정비하고 존재를 다시 세우는 행위가 되었다. 한 문장을 온전히 이해하는 데 몇 시간이 걸려도 괜찮았다. 느린 공부 속에서 생각은 더 유연해졌고, 마음은 한층 부드러워졌다. 빠름보다 깊음을, 답보다 질문을 택하며 재움의 본질을 향해, 한 걸음씩 나아가고 있었다.

'잘 아는 사람'이 아니라 '깊이 배우는 사람'으로 살고 싶다. 모른다는 사실을 기꺼이 인정하고, 배움 앞에 겸허히 서 있을 수 있는 사람으로, 그 자리에 서 있을 때 '나답게 살아가고 있다'라는 감각이 선명하다.

박사라는 이름은 목표가 아니었다. 끝까지 가보겠다는 그 선택 자체가 이미 의미였다. 학문은 세상에 나를 증명하기 위한 것이 아니라, 나 자신에게서 도망치지 않겠다는 다짐이었다. 그 다짐 속에는 학문적 욕심이 담겨 있지 않았다. '얼마나 많이 아느냐'보다 '얼마나 진심으로 배우느냐'가 더 본질이라는 것을 배웠기 때문이다. 모름을 드러내는 일은 불안했지만, 그 불안이 곧 새로운 깨달음으로 이어지는 문이 되었다. 질문 앞에 서는 용기, 답을 찾지 못해 머무는 인내조차 배움의 한 부분임을 받아들이며, 학문은 점점 더 자유롭게 만들고 있었다.

세상의 기준으로는 늦은 길이었지만, 내 안에서는 지금이 가장 빠른 순간이었다. 멈추지 않고 배우겠다는 다짐, 그것이 나를 살아 있게 만드는 힘이었다. 학위는 결과일 뿐이었고, 성취는 그 길을 포기하지 않고 걸어온 나 자신이었다. 나를 증명하기 위해 배우지 않는다. 학문은 꾸미는 장식이 아니라, 지탱하는 뿌리가 되었다. 나 자신을 저버리지 않기 위해, 오늘도 배움의 길에서 다시 한번 나를 일으켜 세운다.

💡 죽음 앞에서도 멈추지 않은 공부

급성 신우신염으로 응급실에 실려 갔을 때, 몸은 이미 패혈성 쇼크 직전까지 몰려 있었다. 강남 세브란스 응급실의 새벽, 일곱 명의 의료진이 분주히 오가며 긴박한 공기가 흘렀다. 경보음이 새벽 공기를 가르며 울려 퍼졌고, 의식은 흐릿했지만, 귀를 파고드는 소리는 이상하리만큼 또렷했다. 그 순간, 마음속에서 가장 먼저 올라온 감정은 '두려움'이 아니라 '후회 없음'이었다. 삶은 이미 여러 번 무너지고, 그 무너짐 속에서 다시 일어서기를 반복해 왔다. 그래서였을까. 죽음의 문턱에서도 공포보다 먼저 스친 것은 '아직 끝내지 못한 배움'에 대한 아쉬움이었다.

삶이 무너져도, 배움만은 놓지 않았던 그 시간이 눈앞에 펼쳐졌다. 죽음과 마주한 그 순간, 깨달았다. 지식이 아닌 '배움의 자세'가 나를 살려왔음을. 죽음의 문턱을 간신히 넘어 살아남았을 때, 마음에 찾아온 것은 환희가 아니었다. 그보다 먼저 밀려온 것은 '이 시간을 헛되이 보낼 수 없다'는 숙제 같은 책임감이었다. 다음 날 의사가 "하루만 늦었어도 위험했다"라고 말했을 때, 살아 있다는 사실이 가슴을 강하게 쳤지만, 그 감각은 안도가 아니라 무거운 짐처럼 다가왔다. 염증 수치가 300 이상으로 너무 높아 한 달 가까운 입원이 필요하다는 말을 들었을 때조차 가장 먼저 떠오른 것은 마치지 못한 '배움'이었다.

숨이 붙어 있는 한 멈추지 않겠다는 절박한 다짐, 그것이 죽음 앞에서도 할 수 있는 것을 해내겠다는 마지막 생존의 끈이었다. 의식을 되찾은 직후 가장 먼저 스친 생각은 과제 제출이었다. 아들에게 교재와 노트북을 가져다 달라 부탁하며, 몸보다 마음이 먼저 깨어났다. 링거 여섯 줄과 소변줄이 연결된 몸은 조금만 움직여도 통증이 몰려왔지만, 그 고통 속에서도 정신은 오히려 또렷해졌다. 살아 있다는 감각이 낯설게 다가왔고, 그 낯섦을 붙잡을 수 있는 유일한 길은 다시 공부로 돌아가는 것이었다. 죽음을 스쳐 간 자리에서 붙잡은 것은 살아 있음으로 배움을 이어갈 수 있다는 감사였다.

노트북을 펴고 교수님께 과제를 제출하는 클릭 한 번, 그 짧은 동작 속에서 느껴진 건 과제가 끝났다는 안도감이 아니라 "아직 살아 있다"라는 생생한 증명이었다. 죽음의 문턱을 넘어 다시 깨어난 순간, 병상 위에서의 무엇이든 할 수 있다는 그 사실 자체가 생존의 증거였다. 움직일 수 있고, 생각할 수 있고, 문장을 읽고 쓸 수 있다는 사실, 그 자체가 감사였고, 기적이었다. 존재를 다시 느끼게 하는 살아 있다는 감각, 무엇이라도 할 수 있다는 확신이었다.

그날 이후 배움은 약속이 되었다. 포기의 유혹은 많았지만, 그럴수록 더 깊이 붙들었다. 성과나 박수 대신 단 한 걸음의 전진이 하루를 채워주었다. 사소한 진전조차도 무너진 삶을 다시 붙드는 힘이 되었다. 조급함은 꾸준함으로, 남과의 비교는 내 안의 고유함으로 바뀌었다. 한 문장을 오래 붙잡고 이해하는 시간이 답답하지 않았다. 그 시간이 마음을 지탱하는 버팀목이 되었고, 한 개념을 곱씹을수록 내면의 빈틈이 메워졌다. 공부는 학문적 과정이 아니라, 잃었던 자존을 회복하고 흔들리던 존재를 다시 살아 있게 만드는 '의식' 그 자체였다.

돌아보면 이전의 시간들은 잃어버림과 상실의 반복이었다. 일어서도 다시 주저앉았고, 모든 노력이 제자리로 되돌아가는 듯했다. 매번 같은 자리에 넘어지며, 아무리 애써도 벗어날 수 없는 굴레처럼 느껴졌다. 그러나 지금은 다르다. 작은 학문적 발걸음들이 쌓이며 견고해짐의 축적이 되고 있다. 이해하지 못해 수없이 멈춰 서던 순간들조차 지금은 무너지지 않고 버티는 힘이 되어 주었다.

삶의 태도도 달라졌다. 흔들릴 때마다 멈추고 싶었던 시간들 속에서, 오늘의 공부는 다시 걷겠다는 다짐이 되었고, 끝끝내 나를 배신하지 않겠다는 약속이 되었다. 좌절 앞에서도 한 문장을 따라가며 다시 이어가는 그 시간이 곧 회복의 증거였다. 배움의 길은 지식의 습득을 넘어섰다. 책 속 문장 하나, 강의실의 토론 순간, 노트에 남은 단어 하나가 다시 일으키는 힘으로 다가왔다. 학문은 회복의 방식이 되었고, 매일의 공부는 고단한 삶 속에서도 살아 있다는 증거였다.

2. 학문이 비춘 나의 얼굴

💡 무지를 인정하는 용기

박사과정에서 마주한 것은 새로운 지식이 아니었다. 내 안에 고여 있던 '무지'였다. 논문 한 편을 붙잡고 몇 시간을 씨름해도 마지막 장을 덮을 때 남는 것은 이해의 기쁨이 아니라 설명할 수 없는 공허함이었다. 문장은 눈으로 따라갔지만, 의미는 머릿속에 남지 않았고, 잠시 깨달았다고 믿었던 개념은 금세 흩어져 버렸다. 손끝에 잡혔다고 생각한 문장들은 모래처럼 흘러내렸다.

시간이 지날수록 그 무지는 더 또렷해졌다. 노력과 결과 사이의 간극, 아무리 애써도 도달할 수 없는 이해의 벽 앞에서 마음을 흔들었다. 그동안 익숙하게 다뤄온 세계와는 전혀 다른 깊이와 무게가 있었다. 한때 자부심이었던 경험과 전문성은 이 새로운 학문 앞에서 아무런 힘을 발휘하지 못했다.

배움은 그때 처음으로 '겸손'을 가르쳤다. 지식을 쌓는 일이 아니라, 모른다는 사실을 인정하는 용기였다. 비워내는 것과 채워가는 것이 서로 다른 일이 아니라, 하나의 흐름 속에 있는 일임을 이해하게 되었다. 그 순간부터 내 존재를 다시 세우는 진실한 훈련이 되어 갔다.

그 무지는 부족함이 아니었다. 정체성을 뒤흔드는 낯선 힘이었다. '정말 이 길을 감당할 수 있을까', '끝까지 갈 수 있을까'라는 의심은 때로 두려움으로, 때로는 자신에 대한 회의로 바뀌었다. 그러나 동시에 무지는 새로운 시작의 문이기도 했다. 모른다는 사실을 받아들이는 순간에만 배움이 들어설 여지가 열렸기 때문이다.

박사과정의 출발점은 지식을 차곡차곡 쌓는 일이 아니었다. 알지 못함을 견디는 고통 속에서 시작되었다. 그 과정을 지나며 뜻밖의 자유가 찾아왔다. 모른다고 숨길 필요가 없다는 것, 완벽한 척을 하지 않아도 된다는 것, 꾸며내지 않아도 괜찮다는 사실이었다. 그 깨달음 이후 배움, 그리고 학문을 대하는 태도는 근본부터 달라지기 시작했다.

그전까지 공부는 늘 증명의 수단이었다. 얼마나 빨리 이해하는지, 얼마나 정확히 대답하는지를 보여줘야 했다. 지식은 이해의 깊이를 드러내는 것이 아니라, 불안을 감추기 위한 가면처럼 사용되곤 했다. 실수하거나 머뭇거리는 순간, 존재 전체가 무너질 것만 같았다. 공부의 본질적인 탐구가 아니라, '평가' 앞에 선 연극이었다. 그러나 무지를 인정한 순간, 공부는 전혀 다른 얼굴로 다가왔다. 지식을 드러내기 위한 경쟁이 아니라, 나 자신을 마주하는 진실한 시간이 되었다.

그 자리에서는 서툶도, 느림도 허락되었다. 배움은 남에게 보여주는 능력이 아니라 나에게로 돌아오는 길이었다. 그 진실 앞에 서자, 시작할 용기가 생겼다.

지금은 모른다는 사실 앞에 잠시 멈춘다. 그 멈춤은 패배가 아니라 내 안의 흐름을 다시 확인하는 시간이다. 길 위에서 지도를 펼쳐 방향을 확인하듯, 무지를 직시하는 순간은 스스로와 가장 정직하게 마주하는 자리이기도 했다. 모르는 것은 많지만, 그 모름은 두렵지 않다. 배우고 있다는 증거이며, 그 과정, 속에서 조금씩 성장하고 있음을 알게 된다.

이제는 '안다'라는 '척'보다 '모른다'라는 '용기'를 택한다. 그 용기는 불안과 허영을 비워내고, 진정한 학문으로 들어설 자리를 단정히 정돈해 준다. 예전의 공부가 나를 포장하는 일이었다면, 지금의 공부는 회복시키는 길이다. 느리고 더디지만, 그 더딤 속에서 단단함이 자라고 있다. 지금의 학문은 곧 '무지를 인정하는 용기'다. 모르는 나를 부끄러워하지 않고, 그 자리에서 한 걸음 더 나아가는 것. 그 작고 성실한 걸음이 쌓여, 언젠가 어제보다 더 깊고 넓은 사람이 되어 있을 것이다.

💡 빠름보다 깊음

늘 '빠름'을 좇았다. 분석도, 판단도, 실행도 남들보다 앞서야만 살아남는다고 믿었다. 속도가 곧 능력의 증거였고, 망설임은 무능함의 징표처럼 여겨졌다. 잠시라도 멈추면 경쟁에서 밀려날 것 같았고, 자리를 잃으면 곧 생존마저 흔들릴 거라 확신했다. 그래서 어떤 상황에서도 결론을 재빨리 내려야 마음이 놓였고, 머릿속에서 떠오른 생각이 곧 행동이 되어야 한다는 압박감에, 계속해서 자신을 채찍질했다.

그 습관은 깊은 성찰보다 빠른 결과를 중요시하게 만들었다. 결론의 무게보다 결론의 속도가 더 중요했고, 보고서를 제출하는 시점, 질문에 답하는 속도, 즉각적인 판단으로 이어지는 대응 하나하나가 나의 존재 가치를 증명한다고 믿었다.

속도가 늦어지면 인정받지 못할 거라는 불안은 쉼 없이 나를 몰아붙였고, 단 한 번의 망설임도 스스로 허락하지 않았다.

그렇게 '빠름'은 내 안의 생존 공식이 되었다. 남보다 먼저 말하고, 남보다 빨리 행동하며, 서둘러 끝내야 안심이 되었다. 결과도 성급하고 판단도 얕았지만, 뒤처지지 않으려면 속도를 유지해야 한다고 믿었다. 그러나 공부와 학문은 그 공식을 단숨에 무너뜨렸다. 배움은 빠름보다 깊음을 요구했고, 지식은 속도가 아니라 '머무름'을 통해 다가왔다. 진짜 배움은 앞서가는 기술이 아니라, 멈출 줄 알고, 곱씹을 줄 아는 용기에서 시작된다.

내 인생의 시간은 늘 앞당겨져 있었지만, 공부는 처음으로 '지금'에 머물게 하는 법을 가르쳐 주었다.

박사과정에서 마주한 공부는 내가 믿어온 속도의 논리를 무너뜨렸다. 논문 한 문장을 온전히 이해하기까지 긴 시간이 필요했고, 단어 하나, 문장 하나를 붙잡고 있다 보면 책장을 넘기는 속도는 눈에 띄게 더뎌졌다. 느림은 처음엔 답답함으로 다가왔고, 마음속에서는 조급함이 끊임없이 고개를 들었다. "이렇게 더뎌도 괜찮은 걸까?" 그 불안이 나를 흔들었고, 익숙한 자신감이 서서히 금이 갔다.

한때는 '빠르게 이해하는 사람'이라는 자부심으로 살아왔다. 복잡한 문제도 단숨에 요약하고, 핵심을 짚어내는 능력으로 인정받았다. 상담 현장에서는 신뢰를, 강의실에서는 전문성을 증명할 수 있었다. 그러나 박사과정의 학문은 그런 '속도형 자아'를 순식간에 해체시켰다. 빠름이 무기였던 삶이 무너졌고, 배움은 '다시 처음으로 돌아가는 일'이 되었다.

어느 날, 무심히 넘겼을 책장의 문장 앞에서 한참을 머무는 나를 발견했다. 완전히 이해하지 못했음에도 문장들을 붙들고 '왜 이 문장이 지금 내 마음을 멈추게 했을까?', '이 문장을 내 언어로 설명하려면 어떻게 해야 할까?' 자문했다. 《어떻게 배울 것인가》 책 속의 한 구절. "시련이 위대한 경험으로 바뀌고, 한 뼘 더 성장한 당신을 만날 수 있다. 당신을 믿으세요." 그 문장은 느린 걸음이 실패가 아니라는 확신을 주었다. 속도가 줄었더라도 변함없이 '걷고' 있다는 사실만으로 충분했다. 의미 있다는 것을 알게 되었다. 공부는 더 깊이 머무를 수 있는 용기라는 것이다. 학문은 빠름을 경계하게, 만들었고 배움은 느림의 가치를 가르쳐 주었다. 그 느림 속에서 '나'는 조금씩 깊어지고 있었다.

그 후 정답보다 질문에 집중하기 시작했다. 빠르게 해내는 것보다 배움의 깊이를 이해하는 일이 중요해졌다. 성과보다 과정에, 경쟁보다 사유에 마음을 두었다. 한 문장을 오래 붙들고 그 안에서 의미를 되새기는 공부의 시간이 소중해졌다. 단어 하나, 표현 하나도 흘려보내지 않고 마음속에 오래 담아두는 습관이 자리 잡았다. 속도는 확실히 느려졌다. 그러나 그 느림 속에서 이해할 수 있었다. 불안은 곁에 있었지만, 이제는 그 불안과 함께 머무는 법을 배웠다.

공부란 불안을 없애는 일이 아니라, 그 안에서 머무는 연습이라는 걸 알게 되었다. 빠르게 지나쳐 버리지 않고, 천천히 받아들이며 걸어갔다. 그렇게 쌓인 걸음 하나하나가 다시 나를 일으켜 세우고 있었다. 어제보다 조금 더 깊어진 사람이 되어가고 있다는 감각이 서서히 스며들었다. '빠름'이 아니라 '깊음'이 나를 이끌고 있었다. 속도의 세상에서 벗어나 학문의 세계, 배움의 길로 들어온 지금, 나를 잃지 않는 공부의 길 위에 서 있다는 확신이 찾아왔다.

💡 지식보다 인내의 싸움

처음 마주한 것은 새로운 통찰이나 지식이 아니었다. 낯설고 이해하기 어려운 학문의 언어였다. 선행연구 한 편을 따라가기조차 벅찼고, 교수의 피드백 한 줄을 온전히 이해하기 위해 수십 번을 읽고 고쳐야 했다. 때로는 한 문장을 붙들고 며칠을 보내기도 했다. 그러나 이번만큼은 예전처럼 서둘러 결론을 내리거나 얕게 넘어가지 않았다. 빠르게 끝내는 대신, 느리더라도 깊게 붙드는 쪽을 선택했다. 며칠을 들여 과제를 준비하고, 수도 없이 정리하는 수고를 기꺼이 감수했다. 포기하지 않고 반복하는 태도 하나가 배움의 습관이 되었고, 그 습관은 다시 나를 지탱하는 힘으로 자리 잡았다.

공부는 머리로만 하는 일이 아니라, 전 인격을 들이는 일이다. 얼마나 많은 지식을 이해했는지가 아니라, 그 앞에 얼마나 오래 머물 수 있는지가 더 중요했다. 낯선 개념 앞에서 좌절할 때마다 쉽게 지나치지 않고 끝까지 붙드는 힘, 이해가 닿지 않아도 질문을 멈추지 않는 끈기. 그 모든 과정이 곧 학문의 자세였다. 공부는 지식의 문제가 아니라 태도의 문제였다. 지식은 머리에 쌓이지만, 인내는 온몸 전체를 걸어야만 길러졌다. 오늘 이해되지 않은 문장이 내일도 낯설고, 여러 번 반복해서 읽은 논문조차 머릿속에 들어오지 않을 때, 그 무력감 앞에서 다시 노트북을 펼치는 일. 포기하고 싶은 순간마다 스스로를 설득하며 이어가는 수많은 내면의 대화. 그 모든 시간이 바로 학문의 과정이었고, 그 싸움 자체가 곧 공부의 본질이었다.

인내는 한계를 뛰어넘는 특별한 능력이 아니었다. 오히려 주어진 한계를 품고 버티는 감각, 그것에 가까웠다. 의욕이 사라진 날에도 컴퓨터 앞에 앉는 선택, 성과가 보이지 않는 하루에도 자리를 지키는 고집. 그 반복된 일상 속에서 배움의 의미가 드러났다. 기세보다 지속, 열정보다 버팀, 성과보다 방향을 지켜내는 힘이야말로 공부의 본질이자 학문의 뿌리였다. 어떤 날은 단 한 줄도 이해하지 못한 채 책장을 덮어야 했고, 하루 종일 씨름해도 머릿속에는 아무 흔적도 남지 않은 것처럼 보였다. 그러나 그 시간은 헛되지 않았다. 이해에 도달하지 못한 하루조차 배움의 과정이었고, 멈추지 않았다는 사실 하나만으로도 충분한 성취였다.

급히 넘어가고 싶은 마음을 누르고, 느리게 쌓이는 공부의 축적을 믿기로 했다. 속도가 더뎌 답답했지만, 그 느림 속에서만 길러지는 힘이 있다는 것을 알게 되었다. 반복과 지루함을 견디는 과정에서만 든든한 기초가 세워졌고, 무의미해 보이는 날들의 축적이 어느 순간 한 뼘 더 앞으로 옮겨놓고 있었다. 성과 없는 하루는 실패가 아니라, 학문의 길 위에 서 있다는 증거였다. 한계를 안고 버티는 그 경험이 인내였고, 그 인내가 나를 조금씩 다른 사람으로 빚어내고 있었다.

공부가 가르쳐 준 가장 큰 진실은 인내가 완벽을 향한 집착이 아니라 불완전함을 견디는 힘이라는 점이었다. 모른다는 사실을 감추지 않고 그 자리에 머무를 수 있는 용기, 성과를 내지 못한 자신을 탓하지 않고 다시 한 걸음을 내딛는 마음. 그것이 곧 배움의 본질이자 인간을 단련시키는 공부의 길이었다. 인내는 하루아침에 찾아오지 않았다. 꾸준히 반복되는 시간 속에서, 근육처럼 서서히 단련되었다.

속도를 최고의 가치로 여기는 세상에서 인내는 가장 느리지만 동시에 가장 강한 힘이었다. 거창한 결단보다 사소한 지속이 더 깊었고, 남을 이기는 승리보다 흔들리는 나를 다독이며 오늘을 지켜내는 태도가 더 큰 의미를 가졌다.

학문은 나를 세우는 훈련장이 되었고, 결과를 향한 쟁취가 아니라 방향을 잃지 않으려는 고요한 약속이 되었다. 오늘도 노트북 앞에서 씨름하는 작은 움직임 속에서 배움의 변화는 이미 시작되고 있었다. 이해하지 못하는 순간도, 버티며 흘려보낸 시간도 모두 학문의 퇴적층처럼 쌓여 언젠가 내 삶의 깊이가 될 것임을 마음속으로 되뇌었다. 느림의 공부, 불완전함을 품은 배움, 그 속에서 나를 다시 세워가고 있었다

3. 몰입이 만든 변화

💡 몰입의 힘

처음엔 책장의 페이지를 아무리 넘겨도 머릿속에 남는 것은 하나도 없었다. 읽는 행위가 아니라, 그저 시간을 허비하는 것처럼 느껴졌다. 공부의 노력은 쌓이는데 배움의 성과는 보이지 않았다. 그 공허함은 자주 마음을 무너뜨렸다. "이게 무슨 의미가 있을까, 정말로 삶을 바꿀 수 있을까"라는 의심이 쉼 없이 고개를 들었다.

그 의심은 역설적이었다. 학문 앞에 다시 앉게 만드는 힘이 되면서도, 동시에 자리를 쉽게 떠나게 만드는 핑계가 되었다. 몰입은 결심 하나로 이루어졌다.

하루에도 몇 번씩 마음이 흔들렸고, 집중은 자주 흩어졌다. 그러나 그 흔들림 속에서도 남아 있던 작은 의지가 나를 붙들었다. 완벽히 이해하지 못해도, 단 한 줄만이라도 읽겠다는 다짐. 그 다짐이 모순처럼 보였던 시간을 배움의 시간으로 바꾸어 갔다. 그 과정을 통해 알게 되었다. 몰입은 단숨에 찾아오는 열광이 아니라, 의심과 흔들림을 견디며 쌓아 올리는 인내의 축적이라는 사실. 느리게, 그러나 꾸준히 이어진 시간 속에서 배움은 형태를 드러냈다.

아주 짧은 문장 하나도 책을 덮은 뒤에도 그 문장은 사라지지 않았고, 다음 날에는 또 다른 문장이 이어졌다. 완전히 이해한 것은 아니었지만, 분명 마음을 흔드는 울림이 있었다. 작은 떨림이 내 안에서 잔잔한 흐름으로 이어졌고, 시간이 흐른 뒤에야 그것이 몰입의 시작이었음을 알게 되었다.

처음부터 몰입을 의도한 것은 아니었다. '살기 위해 펼쳤던' 책 앞에서 절박함이 만들어낸 집중의 순간이었다. 황농문 교수가 말했듯, 몰입은 재능이 아니라 습관이며, 의도적 반복과 훈련을 통해 길러지는 힘이었다. 매일 같은 시간, 같은 자세로, 같은 문장을 붙드는 반복만이 있었다. 그러나 그 반복은 어느 순간 눈에 보이지 않는 힘이 되어, 학문의 세계, 더 깊은 배움의 자리로 이끌고 있었다.

몰입은 감정을 억누르는 것이 아니라 흐름을 조율하는 법이었다. 흘러가는 시간을 허무하게 쫓기지 않고 스스로 주도하는 힘, 그것이 몰입이 가르쳐 준 공부의 태도였다. 작은 일에도 쉽게 흔들렸고, 시곗바늘에 떠밀리듯 하루를 허겁지겁 살아냈다. 그러나 배움에 깊이 잠긴 몰입의 순간만큼은 달랐다. 감정이 폭풍처럼 몰려와도 그대로 삼켜버리지 않고 통과해 낼 수 있었고, 시간조차 잠시 멈춰 내가 원하는 흐름으로 바꿀 수 있었다. 실패에 대한 두려움은 점차 희미해졌고, 결과를 향한 강박은 서서히 힘을 잃었다. 공부의 과정 그 자체가 결과가 되었고, 그 과정에 온전히 몸과 마음을 던질 때 회복이 시작되었다.

그 순간만큼은 분명히 살아 있다는 감각이 되살아났다. 한 문장을 오래 붙들고, 이해되지 않는 개념 앞에서 끝까지 씨름하는 시간이 나를 다시 호흡하게 했다. 느리고 버거운 과정이었지만, 그 안에서는 분명히 삶이 이어지는 숨결이 있었다. 몰입은 흩어진 생각을 하나로 잇고, 끊어진 감정을 다시 꿰어내는 학문의 의식 같은 행위였다. 매일 책상 앞에 앉는 반복이 하루의 리듬을 정렬했고, 그 리듬이 곧 삶을 다시 붙드는 질서가 되었다. 공부는 자신을 다시 세우는 의식이자 회복의 훈련이었다. 몰입은 잃어버린 자존감을 회복시키는 심리적 근육이 되었고, 흔들리던 나를 지탱하며 무너진 자리를 다시 세워 주는 버팀목이 되어 주었다.

돌아보면 나를 다시 일으켜 세운 것도, 삶의 무너진 조각들을 다시 잇게 만든 것도 몰입이었다. 그것은 절망을 피하기 위한 은신처가 아니라, 절망의 심연을 통과하면서도 흔들리지 않게 붙들어 준 배움의 힘이었다. 하루를 이어 가게 하는 생존의 감각이었고, 바닥으로 추락하지 않도록 붙드는 구체적인 장치였다. 공부는 몰입을 통해 생명력을 얻었다.

몰입이 있었기에 완전히 무너지지 않았고 내 안의 희미한 불씨를 믿을 수 있었다.

새로운 지식이 성장을 이끌었다면, 몰입은 존재 자체를 지켜냈다. 학문은 이론의 축적이 아니라 나를 다시 살아있는 사람으로 세우는 과정이었다. 황농문 교수가 말한 "최고의 나를 끌어내는 자기 혁명"이라는 정의는 내 삶 속에서 증명되고 있었다. 몰입은 학문적 성취를 넘어, 삶을 회복시키는 공부의 방식이었다. 그것은 나를 살아있는 세계로 이끌고, 쓰러진 자리에서 다시 걷게 만든 가장 근본적인 힘이었다.

💡 패배자에서 도전자로

몰입은 집중의 기술도, 지식을 쌓는 도구도 아니었다. 그것은 무너져 있던 존재의 기초를 다시 붙잡아 세우는 배움의 힘이었다. "어디서부터 잘못된 걸까?", "무엇이 나를 이 자리까지 밀어낸 걸까?", "과연 다시 시작할 수 있을까?" 그 질문들이 내면을 흔들었고, 그 흔들림 속에서 조금씩 숨이 돌아왔다. 패배자의 자리에 머물 수 없었다. 흔들림은 곧 도전의 신호였고, 그 순간 넘어진 자리에서도 다시 일어서는 도전자가 되고 있었다.

그저 하루하루 책을 펼치고 문장을 따라가며, 이해되지 않는 개념 앞에서 멈춰 섰다. 다시 읽고, 또 붙들고, 끝까지 버티는 일을 반복했다. 그 반복 속에서 이전과는 다른 무언가가 자라나고 있었다. 공부는 외부의 인정을 얻기 위한 행위가 아니라, 내면의 회복을 위한 실천이 되었다. 패배자의 감정에 갇혀 있던 시간은 길고 무거웠으나, 책상 앞의 반복 속에서 그 어둠은 서서히 옅어졌다. 모르는 것은 많았고, 이해하지 못하는 것도 많았다. 그러나 달라진 것은 하나였다. 포기하지 않으려는 태도, 나를 저버리지 않으려는 마음. 그 작은 행동들이 쌓여 무너졌던 자존감을 일으켜 세우고 있었다.

몰입은 학문을 통한 자기 회복의 과정이자, 배움을 통해 자신을 다시 세우는 내면의 실험이었다. 지식은 머리에 남았지만, 몰입은 영혼을 바꾸어 놓았다.

그 변화는 누군가의 인정이나 외부의 칭찬에서 비롯된 것이 아니었다. 공부를 통해 나 자신을 바라보는 눈이 달라졌기 때문이었다. 실패는 기록은 이력에 남아 있었지만, 나를 규정하지 않았다. 몰입은 불가능의 문틈을 천천히 열어젖히는 힘이 되었고, 닫혀 있던 내면의 길을 다시 걷게 했다. 작지만 분명한 순간들이 이어졌다. 이해의 기쁨을 느낀, 한 문장, 스스로 정리해 낸 개념의 명확함, 원서 한 권을 번역해 떨리는 목소리로 마친 발표. 그 모든 작은 장면들이 모여 '패배자'에서 '도전자'로 옮겨가는 배움의 여정이 되었다. 공부는 학문의 과정이 아니라, 정체성을 재구성하는 깊은 내적 변화의 과정이었다.

미래는 불확실하지만, 그 불확실성 앞에서 도망치지 않는다. 몸은 움츠러들기보다 일어서고, 마음은 겁내기보다 한 발을 내딛는다. 자책은 완전히 사라지지 않았지만, 그 감정을 품은 채 앞으로 나아간다. 그 힘은 몰입이라는 배움의 실천 속에서 길러진 용기였다. 몰입은 버티게 하고, 다시 시도하게 하며, 삶을 향해 한 걸음 더 내딛게 했다. 누군가는 이 변화를 알아차리지 못할지도 모른다. 외형은 크게 달라지지 않았고, 눈에 띄는 성취의 기록도 많지 않았기 때문이다. 그러나 중요한 것은, 외부의 시선이 아니라, 내가 나를 바라보는 방식의 변화였다. '실패한 사람'이 아니라, '다시 배우는 사람'으로. '버티는 사람'이 아니라, '의미를 찾는 사람'으로. 그것이 공부가 남긴 가장 깊은 변화였다.

이 변화는 하루아침에 찾아온 것이 아니었다. 극적인 사건도, 거대한 계기도 없었다. 다만, 책을 다시 펼치는 반복, 문장을 따라가는 눈의 움직임, 개념을 붙드는 마음의 지지력, 한 줄을 이해하기 위해 포기하지 않는 집요한 태도. 그 모든 시간이 삶 전체를 다시 이끌었다. 오늘도 그 반복은 이어지고 있다. 패배자의 시간을 기억하지만, 그 자리에 머물지 않는다. 살아남기 위해 버티던 하루에서 의미를 설계하며 살아가는 하루로 변해갔다. 몰입은 존재를 다시 쓰는 과정이었고, 패배를 통과한 자만이 품을 수 있는 다시 시작하는 용기의 언어였다. 하루하루 이어진 작은 반복이 쌓여 마침내 내 삶의 궤도를 바꾸어 놓았다. 아직도 완전하지는 않지만, 실패의 기억에 머물지 않는다. 배움을 통해 의미 있는 오늘을 설계하며, 학문을 통해 다시 써 내려가는 사람이 되었다. 몰입은 나를 다시 세웠고, 과거의 무너짐을 딛고, 두 번째 인생의 문 앞에 서 있다.

💡 몰입이 이끈 두 번째 인생

몰입은 삶의 무너진 조각들을 다시 잇고, 꺼져가던 숨결을 되살린 배움의 힘이었다. 실패와 상실의 잔해 속에서 하루를 버티는 일만이 유일한 과제였던 시절 내일을 상상하는 일은 사치처럼 느껴졌다. 그러나 공부는 그 어둠 속에서도 희미한 길을 내주었다. 공부는 도피가 아니라 다시 살아가게 하는 학문의 통로였고, 무너진 듯한 일상 속에서도 숨 쉴 틈을 열어주었다. 절망 속에서도 멈추지 않고 앉아 있던 시간, 그것이 나를 일으켜 세우는 과정이었다.

겉으로 보기에는 그저 책상 앞에 앉아 문장을 붙드는 평범한 모습이었지만, 그 반복 속에서 공부는 내면을 정렬시키는 회복의 작업이 되었다. 흩어지던 생각은 서서히 구조를 찾았고, 요동치던 감정은 조금씩 가라앉았다. 문장을 끝까지 읽고, 이해되지 않아도 다시 붙드는 그 끈기가 내면의 질서를 되살렸다. 몰입은 자기 자신을 지켜내는 학문의 태도였다. 빠르게 결과를 좇는 대신 과정, 속에 머물며 자신을 잃지 않는 선택이었다. 그렇게 이어진 작은 집중의 순간들이 배움의 결로 쌓이면서, 무너졌던 삶은 다시 호흡을 찾기 시작했다.

몰입이 삶의 속도를 다시 조율하는 배움의 리듬을 가져왔다. 예전의 시간이 무너짐과 도망의 연속이었다면, 지금의 시간은 공부를 통한 작은 반복과 정직한 축적으로 채워졌다. 그 꾸준한 흐름이 삶의 균형을 회복시켰고, 과거를 바라보는 시선도 달라졌다. 잃어버린 것들에 매달리기보다, 지금 내 손 안에서 붙잡을 수 있는 것들에 집중할 수 있게 된 것이다. 상실의 흔적은 남아 있었지만, 더는 그것이 삶을 지배하지 않았다. 학문은 미래를 약속하진 않았지만, 오늘을 살아낼 힘을 길러주는 현재의 연습이었다. 그 힘이 쌓이며 무너진 자존은 회복되고, 다시 삶을 설계할 용기가 자라났다.

이 변화는 지식의 축적이 아니라 태도의 전환이었다. 이해되지 않는 문장 앞에서 포기하지 않고 끝까지 붙드는 사람, 작고 사소한 배움에도 기뻐할 줄 아는 사람으로 바뀌어 있었다. 외부의 평가나 기록으로 설명되지 않는 변화였지만, 내 면에서는 좌표가 다른 지점을 향해 옮겨지고 있었다. 흔들리더라도 포기하지 않는 마음이 새로운 중심을 세웠다. 이전에는 성과와 인정으로 나를 증명하려 했다면, 지금은 공부의 과정과 배움의 태도가 나를 지탱하고 있었다. 몰입은 나를 성장시킨 결과가 아니라, 넘어진 자리에서 다시 일어서게 한 학문의 힘이었다. 그것은 억눌림이 아닌 내적 자유로 이어졌고, 마침내 배움을 통해 두 번째 인생의 문을 스스로 열어 가고 있었다. 모르는 것이 많았고, 이해하지 못한 채 지나가는 순간도 적지 않았다. 그러나 그 모름이 두렵게 다가오지 않았다. 공부는 완벽한 경쟁이 아니라, 불완전함을 견디는 법을 배우는 과정이었기 때문이다.

몰입은 정답을 증명하는 기술이 아니라, 끝까지 붙드는 태도이자 배움의 용기였다. 그 작은 용기들이 켜켜이 쌓이며 무너졌던 삶은 다시 형태를 되찾고, 두 번째 인생의 기초가 되었다. 그 힘 앞에서 나이와 실패, 잃어버린 기회는 굴레가 아니었다. 학문은 변화를 만드는 계기가 아니라 변화가 축적되는 시간의 구조였다. 작은 선택들의 축적이, 삶의 방향을 바꾸어 놓았다. 비교에 매달리던 시선은 점차 내가 가야 할 배움의 길로 향했고, 성과에 집착하던 마음은 과정과 태도의 깊이를 배워가고 있었다.

공부는 끝맺음이 아니라, 다시 시작하게 하는 문이었다. 멈춘 줄 알았던 자리에서 새로운 가능성이 움트기 시작했고, 실패로 남았던 흔적들은 차츰 배움의 궤적으로 바뀌었다. 위축과 주저함의 시간조차도 내면을 단련하는 토양이 되었고, 더디고 미약한 걸음이었지만 그 안에서 전진의 힘이 자라났다. 속도도 크기도 중요하지 않았다. 중요한 것은 지금 이, 순간 배움을 통해 자신을 놓치지 않고 살아가고 있다는 자각이었다. 학문은 삶을 다시 짜맞추는 가장 솔직한 손길이 되었고, 몰입은 그 손끝에서 허물어진 시간을 다시 세워 앞으로 나아가게 하는 삶의 기술이었다.

5장

나이도 실패도
무기 삼아라

나이도 실패도 무기 삼아라

논문보다 두려웠던 건 지식의 부족이 아니라 나 자신을 믿지 못하는 마음이었다. 그러나 끝까지 책임지겠다는 다짐은 흔들림 속에서도 방향을 잃지 않게 했다. 배움은 자신과의 신뢰를 회복하는 과정이었고, 그 길 위에서 혼자가 아니었기에 끝까지 버틸 수 있었다.

파울로 코엘료의 "실패는 다시 시작할 기회를 준다, 이번에는 더 현명하게." 실패와 나이는 짐이 아니라 공부를 더 깊게 만드는 자산이었다. 통계와 그래프 앞에서 흘린 눈물은 무력함의 증거가 아니라 포기하지 않겠다는 의지의 표현이었다. 나이 60세에 통과한 박사 논문은 늦음이 결핍이 아니라 학문을 통해 가능성을 증명한 또 하나의 배움의 문장이었다.

무엇이 부족했는지를 따지지 않는다. 누가 함께 배움의 길을 걸어주었는가, 그것이 삶의 궤도를 바꾼 결정적인 힘이었다. 실패와 나이는 걸림돌이 아니라, 든든히 버티게 한 디딤돌이었다. 완주를 가능하게 한 힘은 능력이 아니라, 곁을 지켜 준 이들의 신뢰와 연대에서 비롯되었다는 깨달음이었다.

1. 논문보다 두려웠던 나 자신

💡 논문 앞에서의 배움

처음에는 논문을 정보와 자료를 정리하고 지식을 엮어내는 글쓰기의 과정으로 여겼다. 그러나 눈앞에 마주한 논문은 예상과는 달리 훨씬 더 낯설고 무거운 세계였다. 그것은 글쓰기의 기술이나 지식의 나열이 아니라, 학문이라는 거울 앞에서 나 자신을 끝없이 마주하는 공부의 여정이었다. 자료를 모으고 문장을 채워 넣는 일보다 더 어려운 것은, 글 앞에 앉아 있는 나 자신을 설득하는 일이었다.

한 문장을 완성하기 위해, 필요한 것은 지식보다 의심을 견디는 내면의 대화였다. "이 글이 과연 의미가 있을까?" "끝까지 해낼 수 있을까?" 언제나 문장보다 앞서 다가왔다. 논리의 부족이 아니라, 흔들리는 마음을 붙드는 데 더 많은 에너지가 소모되었다.

그 과정에서 깨달았다. 논문은 학문을 쌓는 글이 아니라, 자신을 단련하는 배움의 장이었다. 텍스트 속의 지식보다, 그 지식을 향해 나아가는 자세, 머리로 쓰는 글이 아니라, 마음으로 버티는 것이었다. 연구는 데이터의 축적이 아니라, 매 순간 나 자신을 검증하고 설득하며 견디는 고독한 수련이었다. 화면 속 깜빡이는 커서를 바라보며 몇 시간째 한 줄도 쓰지 못한 채 앉아 있었다. 머릿속에선 수많은 생각이 얽혔다 흩어지기를 반복했지만, 글로 옮겨지지 못한 채 공중에서 분해됐다. 차곡차곡 쌓여야 할 문장은 빈 화면 위에서 좀처럼 형태를 갖추지 못하고, 사유의 파편만 남았다. 연구 설계는 쉽게 흔들렸고, 세운 논리는 자주 어긋났으며, 기대했던 수치와 결과는 진실을 드러내기보다 더 깊은 의문을 불러일으켰다.

그러나 가장 힘들었던 건 논리의 부족이 아니라, 그 막막함 속에서 자신을 부정하게 되는 마음이었다. 지금까지의 배움이 단지 착각은 아니었는지, 이 길을 감당할 자격이 있었는지, 의심이 끝없이 밀려왔다. 연구해야 한다는 사명감조차 공허하게 느껴졌다. 아무도 묻지 않았지만, 그 침묵은 외부의 비난보다 훨씬 깊게 파고들며, 배움의 길 위에 선 나 자신을 가장 가혹하게 흔들어 놓았다.

그때 깨달았다. 논문은 무지를 줄여가는 과정이 아니라, 의심과 싸워내고 돌파하는 공부의 훈련이었다. 중요한 것은 완성된 결과가 아니라, 쓰고 싶지 않은 순간에도 다시 펜을 드는 선택이었다. 한 단락을 끝까지 붙드는 일은 기록을 남기는 행위가 아니라, 두려움 앞에서 물러서지 않겠다는 배움의 결심이었다. 그렇게 한 줄 한 줄을 써 내려가며 글 쓰는 법이 아니라, 버티며 배우는 법을 익혀가고 있었다.

연구의 출발점은 학문적 성과 이전에 '내가 회복될 수 있는가'라는 질문을 품고 있었다. 통계나 문헌보다 먼저 마주해야 했던 것은 언제든 흔들리는 내 마음의 단면들이었다. 페이지는 더디게 쌓였지만, 그 속에 남은 흔적은 포기하지 않았다는 증거였고, 배움의 흔적이었다. 논문은 학위를 위한 조건이 아니라, 살아가는 이유를 다시 묻는 공부의 과정이었다. "왜 이 길에 서 있는가?" 이 질문에 스스로 답하지 못하면 문장은 흩어졌고, 글의 흐름은 멈추었다. 공부의 본질은 지식이 아니라 배움이 내 안의 동기를 되살려내는 힘이었다. 이제 논문은 타인의 평가를 위한 결과물이 아니라, 무너진 삶을 학문이라는 언어로 다시 세우는 구조 작업이었다. 완결된 결실보다 중요한 것은 흔들리면서도 다시 시작하는 태도였다.

논문은 여전히 쉽지 않았다. 방향은 자주 흐려졌고, 긴 터널 속을 걷는 듯한 막막함이 이어졌다. 그러나 분명한 사실 하나는 있었다. 이 길은 과제가 아니라 나 자신을 복원해 나가는 배움의 여정이었다. 과거의 상처를 안고도 다시 나를 선택하려는 용기, 의심을 통과해 자신을 믿어 보려는 결심, 결과가 아닌 과정 속에서 새롭게 세우려는 다짐이 그 안에 스며 있었다. 글을 쓰기 위해서가 아니라, 살아 있기 위해서. 한 편의 논문을 완성하는 일보다 더 중요한 것은, 넘어진 인생을 다시 설계해 가는 과정이었다. 페이지가 채워질수록, 나라는 존재도 함께 다져지고 있었고, 학문은 어느새 다시 살아가기 위한 배움의 형식으로 자리 잡아가고 있었다.

💡 책임이 남긴 변화

배움의 시간은 지식을 흡수하는 차원에 머물지 않았다. 텍스트의 내용을 외우고 정리하는 일만으로는 아무것도 증명되지 않았다. 반복을 통해 정보를 축적한다고 해서 그것이 곧 학습의 완성이 되는 것이 아니었다. 학문 앞에 선다는 것은 '기억'이 아니라 '성찰'과 '탐구'의 자세를 전제로 해야 한다는 사실을 점점 깨닫게 되었다. 주어진 지식을 받아들이는 데 그치지 않고, 나만의 언어로 의미를 해석하고 재구성하는 일이 진정한 학습이었다. 박사과정에서 마주한 연구들은 학습자의 태도만으로는 감당할 수 없는 깊이를 요구했다.

선행연구를 읽는 일은 책임 있는 사유의 행위가 되었고, 텍스트 속에서 새로운 질문을 길어 올려야 했다. 표면을 따라가는 이해로는 부족했고, 그 이면에 숨겨진 의미의 층위를 스스로 재해석해야 했다. 단어 하나의 정의를 명확히 하고, 문장 하나의 맥락을 놓치지 않으며, 논리 하나를 세울 때도 근거를 치밀하게 검증해야 했다. "안다"라는 말이 얼마나 가벼운지, 그 자리는 매 순간 깨닫게 했다. 학문은 자신이 진정으로 이해했는가를 끊임없이 증명해야 하는 시험대였다. 동시에 무지를 인정하고 다시 질문으로 나아가야 하는 끝없는 실험의 장이었다. 그렇게 공부는 정보의 습득이 아니라, 끝없이 나 자신을 재정립하는 과정으로 확장되고 있었다.

책임감은 누군가의 지시나 의무감에서 비롯된 것이 아니었다. 그것은 배운 것을 반복해 정리하는 학습자에 머물지 않고 새로운 의미를 해석하고 연결하는 연구자로 성장하고자 하는 내적 기대였다. 그 마음이 공부의 방향을 바꾸었다. 이제 학문은 결과를 내기 위한 수단이 아니라, 의미를 탐색하고 설득력을 세우는 여정이 되었다. 질문 하나를 붙들고 며칠을 씨름하며, 이해되지 않는 문장을 끝까지 물고 늘어지는 시간 속에서 사고는 서서히 단련되었다. 정제된 사고를 훈련하며 단련하는 과정은 느리고 고통스러웠지만, 그 속에서만 '성장'이라는 단어가 드러났다. 성과보다 태도가, 속도보다 깊이가 삶을 움직이는 힘이 되고 있었다.

서재의 고요 속에서 되뇌던 문장들은 논문 완성을 위한 것이 아니었다. 그것은 익숙한 사고의 틀을 흔들고, 굳어진 관점을 해체하며, 나만의 시선으로 세상을 다시 구성하는 학문적 성찰 과정이었다. 질문을 세우고, 근거를 찾아가며, 타인의 논리에 기대지 않고 내 목소리를 세워가는 과정은 더뎠지만 정직했다. 그 느린 탐색의 길 위에서 성찰의 깊이와 학문적 태도가 조금씩 형성되었다. 정답을 맞히는 공부가 아니라, 틀릴지도 모른다는 불안을 견디며 사고를 끝까지 밀어붙이는 용기였다. 그것이야말로 학문이 요구하는 진정한 책임의 자세였다. 완벽과는 거리가 멀었고 글쓰기는 느렸으며, 이론 하나를 정리하는 데도 수차례 되돌아가야 했다. 그러나 그 느림과 반복은 부끄러움이 아니었다. 그것이 배움이 살아 숨 쉬는 증거이자, 학문의 품격을 길러가는 과정이었다.

'배우는 사람'에서 '말할 수 있는 사람'으로 되기까지는 오랜 시간이 필요했다. 하루하루의 질문이 쌓였고, 사소해 보이지만, 포기하지 않는 태도가 이어졌다. 배움의 길을 선택한 사람으로서 끝까지 책임지겠다는 다짐은 다시 일어서게 하는 힘이 되었고, 앞으로 나아가게 하는 에너지가 되었다.

지금의 공부는 나의 정체성을 새롭게 세우는 과정이며, 타인의 기준을 따르는 자리가 아니라 의미를 만들어 가는 탐구의 장이 되었다. 책임으로 시작된 배움은 삶의 태도 전체를 바꾸는 전환이 되었다.

💡 함께였기에 도달한 길

논문 앞에서 마주한 건 언제나 한계였다. 논리 구조의 실타래는 쉽게 풀리지 않았고, 문장의 완성보다 미완의 형태로 자주 멈췄다. 한 문장을 다듬기 위해 몇 시간을 붙들었고, 반복되는 수정 속에서 단어는 점점 무거워졌고, 글쓰기는 어느새 내면 탐구의 고행이 되었다. 계획은 늘 지연되었고, 조급함은 점점 깊어졌다. 가장 큰 걸림돌은 지식의 부족이 아니었다. 그러나 시간이 지날수록 깨달았다. 학문은 정답을 증명하는 일이 아니라, 모순과 불완전함을 견디는 법을 배우는 일이었다.

그리고 뜻밖에도, 함께 고민을 나누던 대화, 한마디의 응원, 무심한 듯 따뜻했던 시선이 무너진 마음을 다시 일으켰다. 학문은 나를 단련시켰지만, 나를 끝까지 붙잡아 준 것은 차가운 논리나 성과가 아니라,

곁에서 건네 온 따뜻한 격려와 함께한 사람들의 존재였다. 논문은 혼자의 기록이 아닌 수많은 마음이 함께 엮여 만들어 낸 하나의 배움이었다. 글을 완성하는 과정은 곧 인간을 배우는 시간이었고, 그 배움이 나를 연구자이기 전에 한 사람으로 성장시키고 있었다.

첫 수업이 시작되던 날, 서로의 이름도, 배경도, 나이도 모른 채 단지 '박사과정'이라는 공통된 자리에 모였다. 각자 다른 이유와 상처, 동기와 두려움을 품고 있었지만, 그 순간만큼은 누구도 앞서 있지 않았고, 완성된 사람도 없었다. 학문 앞에서는 모두가 초심자였고, 배움의 출발선은 평등했다. 시간이 흐르자 낯섦은 조금씩 걷혀 갔다. 서툰 발표 뒤에 건네진 미소, 주제를 찾지 못해 방황하던 밤 함께 앉아 고민해 준 동기들, 모른다는 고백이 편안히 오갈 수 있는 공기 속에서 공동의 배움이 만들어내는 신뢰가 자라났다. 학문은 고독한 탐구처럼 보였지만, 그 안에는 언제나 사람과 사람을 잇는 따뜻한 연결이 있었다.

작은 피드백 하나, 혼자였다면 버텨내기 어려웠을 좌절의 시간도, 함께일 때는 견딜 수 있었다. 곁에는 이야기를 끝까지 들어주는 동료가 있었고, 엉망이 된 발표 뒤에도 논리를 함께 복기해 주는 동기가 있었다. 서로 지쳐 있던 마음을 붙들어 주었다. 그 연대감이 있었기에 이 길 위에 남아 있을 수 있었다. 함께 논문을 찾고 참고 문헌을 나누며, 막힌 부분을 풀어가던 시간들이 쌓였다. 그 과정을 지나며 모든 해답이 지식이 속에만 있는 것이 아니라는 것을 알게 되었다. 때로는 책 한 권보다, 한 사람의 말이 더 깊은 통찰이 되었다. 논리로는 설명되지 않는 신뢰, 언어로 다 담기지 않는 배려, 그리고 이론보다 더 오래 마음을 지탱해 주는 공감의 힘이 있었다.

"같이 해보자." 그 짧은 말 한마디가 어떤 논문보다 큰 울림이 되었다. 혼자 짊어졌던 부담은 나누는 순간 가벼워졌고, 공동의 배움 속에서 학문의 무게는 감당할 수 있는, 가능성으로 바뀌었다. 물론 논문을 쓰는 일은 각자의 몫이다. 문장을 정리하고 논리를 증명하는 일은 누구도 대신해 줄 수 없다. 그러나 성장은 혼자만의 싸움으로 완성되지 않는다. 피드백과 서로 쓰러지지 않기 위해 함께 버티던 시간 속에서 학문은 경쟁이 아닌 연대로 다가왔다. 동기들 덕분에 지금의 나 또한 배움 속에서 더 성장할 수 있었다.

2. 전환점이 된 만남

💡 멘토와 함께 걸은 길

전환의 순간은 언제나 예고 없이 찾아왔다. 그날도 특별한 계기나 성취가 있었던 것은 아니었다. 연구실도 아니었고, 도서관에 파묻혀 있던 순간도 아니었다. 삶의 궤적을 바꾸는 힘은 의외로 일상의 틈에서 시작되었다.

박사과정에 들어설 때의 마음은 단순했다. 학문이라는 무기를 더 날카롭게 벼리겠다는 결심, 지식을 빠짐없이 흡수하겠다는 열망 하나로 시작했다. 그러나 세상의 현실은 생각과 달랐다. 코로나로 강의실 문은 닫히고, 교수와 학생들은 모두 모니터 속 작은 화면에 갇힌 존재가 되었다. 냉정하고 무표정한 화면 위에서 엇갈리는 목소리와 끊기는 연결음, 그 낯선 풍경이 학문의 출발점이었다.

처음에는 그 상황이 불편했고 배움의 온기가 사라진 것 같았다. 하지만 화면 너머로 전해진 건, 강의 내용이 아니라, 결핍과 불안을 드러내면서도 배우고자 하는 사람들의 진심이었다. 완벽한 답을 말하기보다 함께 모색하려는 눈빛, 연결이 끊겨도 끝내 다시 참여하려는 의지 속에서 배움은 지식이 아닌 관계의 언어로 다가왔다. 수업은 예상과 달랐다. 정답을 제시하지도, 요약이나 문제 풀이를 요구하지도 않았다. 대신 "왜 이 공부를 하려는가?"라는 질문이 던져졌다.

학문적 과제가 아니라 존재의 이유를 겨누는 질문이었다. 그 순간, 지금까지 '무엇을' 배우는가에만 집중했지, '왜' 배우는가를 묻는 일에는 서툴렀다. 그 질문은 내 공부의 방향을 근본부터 흔들어 놓았다. 그날 이후 텍스트를 대하는 태도가 달라졌다. 인용할 문장을 찾기 위해 자료를 훑던 습관에서 벗어나, 텍스트와 대화하는 자세로 바뀌었다. 지식을 채우는 것이 목적이 아니라, 그것이 내 삶과 어떤 의미로 이어지는지 묻기 시작하는 내면의 응답을 기록하는 행위가 되었다. 단어 하나, 문장 하나를 붙들며 사유가 스며들었고, 연구는 정적인 분석이 아니라 나와 함께 호흡하는 살아 있는 탐구로 변해갔다.

  지식은 삶에 질문을 던지는 방식이었고, 세상에 응답하는 책임의 형식이었다. 학문은 암기와 습득을 넘어, 끊임없이 꺼내고 묻고 다시 재구성하는 창조의 과정으로 확장되었다. 그 변화의 출발점은 책장이 아니라 사람이었다. 코로나로 만남이 제한되던 시기, 교수님은 사적 시간을 내어 학생들과 직접 만남의 자리를 마련하셨다. 식사 자리에서도 "무엇을 연구하고 싶은가?" "왜 그 주제인가?" "앞으로 어떤 길을 그리고 있는가?" 그 질문들은 관심이 아니었다. 학문 속에서 나의 좌표를 점검하게 하는 지도이자 공부의 방향을 가리키는 나침반이었다. 그날의 대화는 지식이 아닌 존재로서 배우는 사람이 되어야 한다는 깊은 깨달음을 남겼다.

  이론의 숲속에서 방향 없이 헤매던 초기에, 그 짧은 대화가 없었다면 연구 주제 하나조차 온전히 붙잡지 못했을 것이다. 논문은 구조가 탄탄한 글이 아니라, 자신 안의 질문이 녹아 있어야 한다는 자각. 그 깨달음이 찾아온 순간, 학문은 전혀 다른 차원으로 옮겨갔다. 지식을 쌓는 과정이 아니라, 내면을 일으켜 세우는 배움이 가능하다는 것을 그때 처음으로 실감했다. 교수님이 건네주신 것은 완성된 답이 아니었다. 답이 보이지 않는 세계 속에서 길을 세우는 용기였다.

  어떤 순간에도 질문을 멈추지 않고, 끝내는 자기 해답을 만들어가야 한다는 내적 확신이 그 만남에서 움트기 시작했다. 그 경험은 학문이란 타인의 이론을 암기하는 것이 아니라, 자신만의 언어로 해석해 가는 행위임을 가르쳐 주었다. 그 짧은 만남이 내 안에 하나의 씨앗이 되었다. 질문을 붙든다는 건 곧 나 자신을 잃지 않는 일이었다. 그 힘이 길을 잃지 않고 나아가게 하는 용기가 되었다. 배움은 지식을 더하는 일이 아니라, 살아갈 길을 선택하는 행위라는 것을 배웠다. 그리고 진정한 전환은 책이나 이론이 아니라, 사람과의 만남에서 시작된다는 사실을.

💡 질문으로 시작된 만남

논문의 방향이 조금씩 잡혀가던 시점, 예상치 못한 갈림길이 찾아왔다. 본격적으로 논문을 이어가기 위해 지도교수를 정해야 했지만, 안타깝게도 교수님은 정년을 앞두고 계셔 직접 지도를 맡기 어려운 상황이었다. 그러나 관계는 거기서 끝나지 않았다. 학문의 길을 걸어가는 제자를 끝까지 책임지려는 마음으로 지도교수님과 선배님을 연결해 주셨다. 그것은 연구자로서 다음 단계를 이어갈 수 있도록 마련된 배려이자 신뢰의 전달이었다. 그 선택 속에서 학문은 지식의 전수로만 이어지는 것이 아니라, 관계와 책임을 통해 이어지는 살아있는 배움의 연속체라는 사실을 느낄 수 있었다.

첫 번째로 연결된 분은 공식적인 지도교수로서, 연구의 전반적 구조와 논리의 흐름을 잡아주셨다. 또 다른 분은 교수님의 제자이자 나보다 먼저 같은 길을 걸어온 선배였다. 선배는 연구 과정에서 부딪히는 현실적인 문제들을 함께 고민해 주었고, 자신의 경험을 아낌없이 나누며 든든한 버팀목이 되어 주었다. 그 관계는 '소개'에 머물지 않았다.

처음 선배와 마주한 날, 두려움과 막막함을 안은 채 두 시간 넘게, 줌 화면 앞에 앉아 모든 이야기를 쏟아냈다. 논문을 어디서부터 어떻게 이어가야 할지, 끝까지 해낼 수 있을지조차 확신이 없었다. 솔직하게 불안을 고백하며 도움을 청했지만, 돌아온 답은 단호했다. "학교 후배라서 논문 컨설팅은 하지 않는다"라는 한마디에 순간 마음이 내려앉았다. 그러나 물러설 수는 없었다. 포기하지 않고 내 이야기를 이어갔다. 왜 이 공부를 시작했는지, 어떤 과정을 지나왔는지, 학문을 통해 다시 서고 싶은 이유를 진심을 다해 전했다. 그 진심이 전해졌을까. 두 시간이 넘는 상담 끝에, 선배의 태도는 조금씩 누그러졌다. 그리고 마침내 건네진 말, "알았다. 논문지도를 해 주겠다". 그 약속은 단순한 도움의 수락이 아니었다. 학문을 향한 열망이 다시 살아난 순간, 그리고 다시 시작할 용기를 붙잡게 된 전환점이었다. 선배는 지식을 나누는 조력자를 넘어, 배움이 사람을 통해 이어지고 확장된다는 사실을 몸소 보여준 또 하나의 스승이었다.

그때부터 일상은 완전히 달라졌다. 막히는 순간마다 선배에게 전화를 걸었고, 매주 한 번 사무실에서 아침부터 해가 질 때까지 마주 앉아 사유와 토론의 시간을 공유했다. 논문의 줄기를 잡기 위해 수십 개의 키워드를 쪼개어 분석했고, 엮이지 않는 변수는 끝까지 물고 늘어지며 해석의 실마리를 찾아갔다. 통계 프로그램 앞에서 좌절이 밀려올 때도 있었지만, 혼자 고립된 싸움이 아니라 서로의 생각을 주고받으며 길을 찾아갔다. 갈피가 잡히지 않는 날에는 함께 커피 한잔, 아이디어가 흐려질 때는 "지금은 멈춤의 시간"이라는 짧은 격려가 건네졌다. 그 기다림은 무력한 정체가 아니라 함께 버틸 수 있다는 신뢰가 주는 확신의 힘이 되었다.

논문은 학문적 기록이 아니었다. 그것은 삶의 흔적을 학문의 언어로 재구성하는 배움의 여정이었다. 지도교수님은 큰 틀을 잡아주며 연구가 향해야 할 방향을 제시해 주셨고, 선배는 그 길 위에서 어떻게 걸어가야 하는지를 실천적으로 보여주었다. 혼자였다면 수없이 멈춰 섰을 것이다. 그러나 격려와 조언, 동행이 있었기에 무너짐 대신 걸음을 이어갈 수 있었다. 그 시간들은 학문을 통해 삶을 배우고 관계 속에서 성장하는 공부의 본질을 일깨운 시간이었다. 지금도 그 기억은 앞으로 나아가게 하는 가장 든든한 힘으로 남아 있다.

💡 논문보다 깊은 동행

박사과정의 첫발을 내디뎠을 때, 이 길은 철저히 혼자의 싸움이라고 믿었다. 논문은 연구자의 이름으로 남고, 성과와 평가는 개인의 몫이라는 생각이 머릿속 깊게 자리 잡고 있었다. 변수를 설정하고, 가설을 세우고, 구조방정식을 돌려 논리를 세워가는 모든 과정이 마치 능력을 증명해야 하는 시험대처럼 느꼈다. 그러나 실제로 가장 힘들었던 것은, 고된 연구가 아니라 누구에게 묻고, 어디에서부터 시작해야 할지조차 알 수 없었던 막막함이었다. 도움을 청하고 싶어도 손을 뻗을 방향을 알 수 없었고, 모든 무게를 홀로 감당해야 했다.

밤이 깊도록 문장을 붙들었지만, 막히는 구절 앞에서 몇 시간을 씨름하며 자책만 반복했다. 연구의 길이 흐려질수록 고립감은 더 짙어졌다. 어떻게 풀지 모른다는 사실보다 더 괴로운 것은, 해결할 수 있는 방법을 어디에서 찾아야 할지조차 모르는 무력함이었다. 그때의 공부는 지식을 확장하는 일이 아니라, 끊임없이 자신을 검증하고 시험대 위에 세우는 고통의 과정이었다.

수개월 동안 정리한 설문 데이터를 분석하던 과정에서 믿음은 무너졌다. 기대했던 결과는 나타나지 않았고, 변수들은 얽혀 논리적 설명조차 불가능했다. 데이터는 숫자였지만, 그 혼란은 감정이었다. 머릿속은 점점 더 복잡해지고, 몸은 지쳐갔다. 모든 것을 내려놓고 싶다는 생각이 밀려왔다. 그러나 포기 직전, 선배와의 만남으로 이어졌다. 그동안 연구했던 논문을 함께 점검하는 과정에서 막혔던 흐름이 조금씩 풀리기 시작했다. 잃어버린 길의 윤곽이 드러났다. 그때 깨달은 것은 논문은 비록 한 사람의 이름으로 남지만, 혼자만의 힘으로 완성되는 작업은 아니라는 사실이었다.

선배와 함께 주제를 다시 나누고, 연구 자료를 정리하며 논리의 흐름을 재구성하는 작업이 이어졌다. 오류를 수정하는 시간이 아니라, 방향을 다시 세우는 과정이었다. 그 시간들은 조언이나 도움의 영역을 넘어, 학문이 관계를 통해 어떻게 확장되는가를 보여주는 생생한 경험이었다. 혼자의 힘으로는 닿을 수 없었던 깊이에, 함께 생각해 주는 사람이 있었기에 도달할 수 있었다. 그렇게 연구는 지식의 산출물이 아니라, 사람과 사람이 함께 빚어낸 사유의 결실로 완성되어 갔다. 함께 버티고 살아낸 시간의 기록으로 변해갔다.

그러나 더 깊은 지지와 위로는 가족에게서 왔다. 매주 주말 항상 밝은 모습으로 바라보던 아들의 "엄마, 힘들어 보여도 정말 멋있어"라는 응원의 한마디는 무너진 마음을 일으켜 세웠다. 초안이 인쇄될 때마다 남편은 "이제 거의 다 됐다. 끝나면 우리 크루즈 여행 가자"라며 어깨를 토닥였다. 그 사소한 순간들이 쌓여 학문을 이어가게 하는 가장 든든한 에너지가 되었다. 또한 함께 일하는 직원은 존재 보이지 않는 조력자였다. 초안이 나오면 오탈자를 검토해 주고 "조금만 더 하면 분명 좋은 결과가 있을 거예요." 짧은 말 한마디와 사소한 배려 하나가 논문의 문장을 이어주는 생활의 리듬이 되었고 지쳐갈 때마다 공부의 맥박을 다시 뛰게 했다.

그들의 응원은 각기 다른 자리에서 울렸지만, 하나의 결로 모여 배움의 여정을 완성시키는 힘이 되었다. 논문은 한 사람의 이름으로 남지만, 그 안에는 수많은 관계와 마음이 스며 있다. 마지막 페이지에 담긴 것은, 성취의 기록이 아니라 함께 살아낸 시간의 총합이었다. 이 글을 써 내려가게 하는 힘 또한 사람들에게서, 그리고 그들과 나눈 공유된 배움의 온기에서 비롯되고 있었다.

3. 실패와 나이가 남긴 무기

💡 통계와 그래프 앞의 눈물

논문 작성에서 가장 크게 가로막은 벽은 이론이 아니었다. 수많은 책을 읽고 선행연구를 탐독하며 지식을 쌓을 때는 잠시 자신감이 생겼지만, 통계라는 언어 앞에서는 모든 것이 무너졌다. SPSS, R, AMOS라는 이름조차 낯설었고, 회귀분석, 분산분석, 신뢰도 검정, 구조방정식 같은 용어들은 머리로는 이해되었지만, 가슴에는 전혀 닿지 않았다. 숫자는 냉정했고, 수식은 인간의 언어를 허락하지 않았다. 통계표 한 줄을 해석하기 위해 하루를 매달려야 했고, 그래프 하나를 완성하기 위해 며칠 밤을 새우는 일도 흔했다.

처음 데이터를 입력하고 분석을 시도했던 밤, 모니터에는 붉은 오류 메시지가 쏟아졌다. '잘못된 변수 정의', '데이터 누락', '부적합한 모델'이라는 문구들이 줄지어 나타날 때마다 그것은 시스템의 경고가 아니라 연구자로서의 존재를 부정당하는 선언처럼 느껴졌다. 어렵게 수집

한 설문 데이터가 왜곡된 결과로 되돌아왔을 때, 멍하니 화면을 바라보며 깊은 무력감이 밀려왔다. 수없이 고쳐 써도 논리는 매끄럽지 않았고, 변수들은 끝내 조화를 이루지 않았다. 그 과정에서 깨달은 것은, 논문은 완벽한 모델을 맞추는 기술이 아니라, 오류를 견디며 진실에 조금씩 다가가는 태도의 학습이라는 것이었다. 통계는 차가운 숫자의 나열이 아니라, 불안과 좌절을 통과하며 나를 단련시키는 또 하나의 학문의 장이었다.

결정적인 충격은 학술지를 학회에 투고된 이후 찾아왔다. 기대와 달리 돌아온 결과는 냉정한 반려였다. 논리의 허술함, 분석 설계의 미비 등 세세히 지적된 평가서의 문장은 자존심을 깊게 할퀴었다. 심사평가의 '게재 불가'라는 통보는 단숨에 자존감을 무너뜨렸다. "정말 이 길을 걸을 자격이 있을까"라는 질문이 오래도록 귓가를 맴돌았다. 그러나 침묵 속에서 마음을 다잡았다. 피드백을 하나씩 정리하며 문제점을 학습의 텍스트로 바꾸기 시작했다. 분석 모델을 처음부터 다시 설계했고, 실패는 연구의 재료가 되었다.

그 후 시간은 완전한 몰입이었다. 유튜브 통계 강의 28편을 밤새워 듣고, 스크립트를 출력해 문장 단위로 해석하며 이해되지 않는 개념을 따라갔다. 낯선 명령어 하나를 익히기 위해 새벽까지 붙들고 앉아 있던 날들. 처음에는 기계적으로 반복하던 과정이 어느새 루틴이 되어 있었다. 의미 없이 흩어져 있던 숫자들이 점차 논리의 언어로 변했고, 그래프 선 하나에도 연구의 맥락이 보이기 시작했다.

 학문이란 모든 것을 이해하는 것이 아니라, 이해되지 않는 순간을 끝까지 붙드는 일이라는 것을. 완벽한 해답이 아닌, 포기하지 않는 지속이 학문의 본질이라는 것을 알게 되었다. 다시 투고한 논문은 재심으로 게재 확정을 받았다. 학술지 한 편의 통과 소식이 수없이 흔들리고, 다시 딛고 일어선 시간들, 무너졌다가도 버텨낸 의지와 배움의 기록이 인정받는 순간이었다. 작은 산 하나를 오롯이 오른 듯한 그 성취감은 결과가 아니라 배움이 나를 새롭게 세워 준 증거였다.

 통계를 익히는 일은 연구의 전부가 아니었다. 숫자를 완벽히 다루는 능력보다 중요한 것은, 그 앞에서 무너져도 다시 일어서는 태도였다. 데이터가 뜻대로 움직이지 않아 좌절하더라도, 그래프 한 줄이 마음처럼 그려지지 않아 눈물을 삼키더라도, 끝내 포기하지 않고 맞서는 자세가 배움의 본질이었다. 길 끝에 다다랐을 때 확인할 수 있었다.
 통계라는 언어 앞에서 버텨낸 모든 시간은 기술이 아니라 인내의 증거였음을, 그래프를 해석하려 씨름하던 순간들이 쌓여, 나 자신을 단련시키는 과정이 되어 있었다. 그것은 결과로 평가될 수 없는 성취, 완벽을 향한 완성이 아니라 끝까지 통과해 낸, 과정의 서사였다.

 학술지 게재의 순간은 학문적 이력 한 줄이 아니라, 배움이 삶과 맞닿은 첫 번째 증거였다. 숫자 속에서 좌절하고, 다시 질문하며 버텨낸 모든 시간이 모여 만들어 낸 이 승리는 지식의 결과가 아니라, 공부라는 이름으로 쌓아 올린 회복과 성장의 기록이었다.

💡 끝이 아닌 연결, 배움으로 이어진 인생의 쉼표

박사 학위는 특별한 이력이나 통계적 예외도 아니었다. 그것은 지치고 넘어졌던 수많은 날들, 포기하고 싶던 순간을 이겨내며, 흔들리면서도 멈추지 않고 걸어온 시간의 총합이었다. 인생의 가장 낮은 곳에서부터 다시 시작해 한 걸음씩 세워 온 여정의 결과이자, 쓰러진 나를 일으켜 세운 삶의 또 다른 문장이었다.

논문 작업은 언제나 벼랑 끝에 서 있는 듯한 긴장 속에서 이어졌다. 마감은 촉박했고, 키보드를 두드리는 손끝에는 불안과 자책, 그리고 책임의 무게가 겹겹이 쌓였다. "이 길의 끝에 과연 설 수 있을까." 그 의심은 매 순간 따라붙었다. 그러나 논문을 쓴다는 일은 완벽한 문장을 만들어내는 작업이 아니었다. 포기하지 않기 위한 내면의 설득이자, 흔들림 속에서도 중심을 지키려는 훈련이었다. 한 줄을 완성하기 위해 문헌을 수십 번 다시 열어야 했고, 논지를 다듬으며 방향을 고쳐 세웠다. 그 과정은 지식을 생산하는 일이 아니라, 존재를 붙드는 치열한 몸부림이었다.

오랜 시간의 축적은 마침내 네 편의 학술 논문은 결실을 맺어 등재되었고, 본 논문은 기적처럼 1심에서 통과되었다. 그러나 그 순간은 끝이 아니라 새로운 배움의 문이 열리는 출발점이었다. 심사를 통과했다고 해서 과정이 완결된 것은 아니었다. 책을 덮는 대신, 다시 노트를 펼쳤고, 수정이 필요한 원고와 미완의 질문이 남아 있었다. 배움은 완성이 아니라 끊임없이 이어지는 순환의 과정이었다. 머릿속 어딘가에서는 또 다른 연구의 씨앗이 자라났고, 그것을 싹을 붙들기 위해 다시 펜을 들었다.

50대 중반에 수입 없이 시작한, 박사과정은 경제적·정신적으로 삶 전체를 건 가장 혹독한 도전이었다. 학비는 신용과 대출로 충당해야 했고, 매달 돌아오는 고지서는 마치 '포기하라'라는 압박처럼 짓눌렀다. 그러나 포기 대신 선택한 것은, 배움으로 하루를 견디는 일이었다. 새벽마다 불안을 밀어내며 '오늘만 버티자'라는 다짐으로 하루를 열었다. 그 시간은 고통의 연속이 아니라, 학문을 통해 나를 다시 세우는 내적 단련의 과정이었다. 고난은 실패의 흔적이 아니라, 지금의 나를 증명하는 살아 있는 배움의 증거가 되었다.

실패했던 날들과 죽기 직전까지 갔던 순간들 그리고 끝내 다시 일어섰던 시간들이 모두 한 편의 논문 안에 스며 있었다. 학문은 절망을 통과해 얻은 삶의 언어였고, 쓰러짐 속에서도 나 자신을 다시 세우는 공부의 형식이었다. 그래서 "그 나이에 무슨 공부를 더 하려 하느냐"라는 질문 앞에서도 주저하지 않는다. "지금이야말로 제대로 살아가기 위한 배움이 시작된 순간"이라고 답한다.

나이 60의 박사 학위는 끝이 아니라 쉼표였다. 그 쉼표는 멈춤이 아닌, 삶의 다음 장을 여는 문장이었다. 살아가는 이유는 더 많은 것을 이루기 위함이 아니라, 더 깊이 살아내기 위해서다. 지금 이 글을 쓰고 있는 순간조차 살아 있다는 가장 선명한 증거다. 과거의 실패와 흔들림, 그 모든 조각이 모여 나라는 존재를 다시 구성하는 공부의 과정이 되었다. 그리고 그 시간들이 한 문장, 한 호흡으로 이어지며 내 인생의 두 번째 여정을 '배움으로 살아내는 삶'으로 밝혀 가고 있다.

💡 무엇이 없어서가 아니라, 누가 있었기에

모든 것이 비워져 있던 시절이 있었다. 생활비조차 불투명했고 마이너스 통장은 한도까지 차 있었다. 그러나 그 공허한 시간 속에서도 분명한 한 가지가 있었다. "배움만은 멈추지 않겠다." 수입이 없는 눈앞의 상황은 불안의 그림자였지만, 공부는 그 불안을 잠시 잊게 하는 유일한 숨구멍이었다. 돈으로 살 수 없는 것은 바로 사유의 힘이라는 사실을, 그때 처음 깨달았다. 책을 펼치는 일은 생존의 다른 이름이었다. 자료를 찾아 읽고, 이해되지 않는 개념을 붙잡아 생각의 끝까지 밀어붙였다. 문장을 완성하지 못하는 날이 이어졌지만, 생각을 잇는 그 행위만으로도 삶은 방향을 잃지 않았다.

결핍의 시간은 멈춤이 아니라, 오히려 새로운 사유를 태동시키는 여백이었다. 돌아보면 시작의 조건은 언제나 불완전했다. 돈도, 여유도, 명확한 길도 없었다. 그러나 '공부'는 환경이 허락해야 가능한 일이 아니라, 결심이 존재를 움직이는 힘임을 배웠다. 사람들은 물었다. "그렇게까지 하면서 왜 박사까지 하나?" 그 물음 앞에서 나는 늘 같은 대답을 했다. "살아 있기 위해서"라고. 무언가를 하지 않으면 죽을 것 같으니까, 배움은 내게 생존의 언어였고, 공부는 다시 살아가게 하는 방식이었다.

공부를 선택하고, 학문을 붙잡으며, 논문 앞에서 수많은 밤을 지새운 시간 속에서 한 가지 확신이 분명해졌다. 인생을 움직이는 것은 통장 계좌의 숫자가 아니라, 그 안에 담긴 의지의 무게라는 사실이었다. 여유가 없었기에 절실했고, 대안이 없었기에 끝까지 해내야 했다. 경제적 조건이 허락하지 않아도 마음의 결단 하나가 삶 전체를 바꿀 수 있다는 것을 몸으로 배웠다.

그러나 삶이 이어질 수 있었던 이유는 '무엇을 가졌기 때문'이 아니었다. 진정한 이유는 '누가 곁에 있었는가'에 있었다. 따뜻한 밥 한 끼를 함께 나누던 가족, 말없이 옆자리를 지켜주던 사람들, 막막한 순간마다 끝까지 이야기를 들어주고 함께 방향을 고민해 준 멤버들, 그리고 무엇보다 아무것도 가진 것 없이 시작했지만 끝내 포기하지 않았던 나 자신. 그 모든 존재들이 있었기에 사람과 마음으로 완성된 배움의 여정이 될 수 있었다.

삶을 바꾸는 힘은 '갖춘 조건'이 아니라 '함께 배우고 성장할 수 있는 사람'이었다. 경제적 여유가 없어도, 불확실한 내일이 기다리고 있어도, 배움 앞에 서는 순간마다 길은 열렸다. 수입이 보장되지 않아도 연구를 이어갔고, 아무것도 가진 것이 없었지만, 쓰고 싶은 문장은 완성되었다. 공부는 안정된 환경에서만 가능한 일이 아니었다. 결핍은 학문을 향한 몰입을 더욱 단단하게 만들었다. 채워지지 않는 현실 속에서 진짜 배움의 의지는 더욱 뚜렷해졌고, 부족함은 더 깊이 탐구하고 더 오래 붙드는 힘으로 바뀌었다.

박사 학위는 학문적 성취가 아니라 "모든 결핍 속에서도 배우고자 하면 반드시 이룰 수 있다"라는 사실을 증명한 하나의 선언이었다. 나이, 환경, 조건 같은 외적 한계는 학문 앞에서 아무 의미가 없었다. 중요한 것은 주어진 상황이 아니라, 그 상황을 해석하고 다시 써 내려가는 태도였다. 그렇게 공부는 삶을 재구성하는 언어가 되었다.

이제는 두렵지 않다. 다시 빈손일지라도, 불안이 문을 두드리더라도, 배우고 싶다는 마음 하나면 충분하다. 배움은 언제나 시작의 힘을 품고 있고, 그 힘은 어떤 실패 앞에서도 나를 다시 일으킨다. 끝까지 지켜낸 것은 조건이 아니라 마음이었고, 그 마음이야말로 지금의 나를 여기까지 데려온 가장 강력한 에너지였다. 학문이 내게 남긴 가장 큰 선물은 '완성된 결과'가 아니라, 다시 시작할 수 있는 용기였다.

6장

지식은
나눌 때 완성된다

지식은 나눌 때 완성된다

홀로 견딘 하루는 작은 씨앗이 되어 마음속 깊이 뿌리를 내렸다. 끝까지 버텨낸 시간 속에서 던져진 질문들은 공부를 통해 삶을 다시 세우는 힘으로 자라났다. 겉으로는 담담했지만, 내면에서는 끊임없는 흔들림과 싸워야 했다

그러나 회복은 혼자의 노력만으로 완성되지 않았다. 혼자 서는 용기만으로는 도달할 수 없었던 깊이에, 함께 배우고 나누는 관계의 힘이 닿았다. 나눔 속에서 공부는 개인의 성취를 넘어 타인과 연결되는 공동의 배움으로 확장되었고, 학문은 이해를 넘어 공감의 언어가 되었다.

헬렌 켈러의 "혼자서는 조금만 할 수 있지만, 함께라면 많은 것을, 이룰 수 있다"라는 것은 직접 경험으로 새겨진 삶의 진리였다. 회복은 '나'의 완성이 아니라 '우리'의 완성 속에서 가능했다. 공부는 나를 일으킨 힘이자, 함께 살아가게 하는 다리였다.

1. 혼자 버틴 하루가 만든 작은 씨앗

💡 버팀 끝에 찾아온 질문

어둠을 통과하며 가장 먼저 마주한 것은, 살아 있다는 사실조차 상처처럼 느껴질 수 있다는 냉혹한 진실이었다. 너무 많은 것을 잃고 나면 '생존'이라는 단어가 축복이 아니었다. 남겨진 삶이 감당해야 할 숙제로 다가왔고, 존재 자체가 끊임없이 자신을 증명해야 하는 과제가 되었다. 숨 쉬는 일마저 무겁게 느껴졌고, 깨어 있다는 사실이 고통처럼 가슴을 짓눌렀다. 그 무게는 일시적인 슬픔이 아니었고, 그림자처럼 하루를 따라붙는 지속적인 질문이 되어 나를 시험했다.

죽음을 스쳐 지나간 그날, 처음에는 안도감이 밀려왔다. 아직 숨을 쉬고 다시 눈을 뜰 수 있다는 사실이 감사로 다가왔다. 하지만 그 감정은 오래가지 머물지 않았다. 감사의 자리를 대신한 것은, 설명하기 어려운 무거운 죄책감과 두려움의 감정이었다. 같은 상황에서 끝내 버티지 못한 이들이 떠오르며 "왜 하필 나인가"라는 질문이 파고들었다. 살아남았다는 것이 기적이 아니라, 마치 검증받지 못한 존재처럼 느껴졌다. 그 물음은 죄인처럼 만들었고, 생존의 기쁨을 앗아 갔다.

그때부터 살아남은 이유를 찾기 위해 책을 펼쳤다. 배움은 현실을 잊기 위한 도피가 아니었다. 삶의 의미를 다시 구조화하는 행위, 존재의 이유를 새로 써 내려가는 학문적 여정이 되었다. 죽음의 문턱을 넘어 돌아온 이후의 공부는, 지식을 쌓는 일이 아니라 '왜 살아야 하는가'를 탐구하는 사유의 과정이었다. 논문 한 줄, 문헌 한 페이지 속에서도 생의 이유를 찾으려 애썼고, 그 끝없는 탐색이 회복으로 이끌었다.

배움은 내게 두 번째 삶의 언어였다. 그것은 상처를 덮는 치료제가 아니라, 상처를 끌어안고 의미를 만들어내는 과정이었다. 학문은 머리로만 하는 작업이 아니라 가장 인간적인 몸부림이었다. 그렇게 공부는 '살아 있음'을 견디게 한 도구이자, 다시 살아가게 한 이유가 되었다.

버틴다는 것은 몸을 회복하거나 삶의 외형을 다시 세우는 일이 아니었다. 진짜 싸움은 보이지 않는 마음 깊은 곳에서 울려오는 질문들과 마주하는 일이었다. 하루를 이어가는 것조차 벅찼고, 내일을 준비하거나 미래를 꿈꾸는 일은 감히 상상조차 할 수 없었다. 그저 오늘 하루를 견디는 것, 그것이 전부였다. 그러나 시간이 지나면서, 그 버팀은 점차 다른 의미로 변해갔다. 처음에는 "오늘을 버틸 수 있을까?"라는 생존의 질문이었지만, 어느 순간 "왜 나는 아직도 이 자리에 서 있는가?"라는 존재의 질문으로 옮겨갔다.

그 물음은 회의나 우연으로 설명될 수 없었다. 누군가는 중도에 멈추었고, 또 다른 누군가는 끝내 길을 잃었다. 그 속에서 계속 살아남았다는 사실은 운이 아니라 책임의 무게로 다가왔다. 살아 있다는 것은 상처와 마주해야 하는 또 다른 고통이었지만, 그 질문은 피할 수도,

외면할 수도 없는 숙제였다. 그러나 그 물음을 외면하지 않는 태도 속에서 버팀은 생존이 아닌 의미 있는 행위로 변해갔다. 견뎌낸 삶은 이제 새로운 이유를 요구했고, 그 이유를 찾는 과정이 곧 공부의 시작이었다.

배움은 생존의 연장이 아니라, 존재의 해석을 새로 써 내려가는 과정이었다. 책 한 권, 문장 한 줄을 붙들며 '왜 살아야 하는가'라는 질문에 답하려 애썼고, 그 탐구의 시간들이 버팀의 새로운 형식을 만들어갔다. 공부는 현실을 회피하는 도피가 아니라, 삶을 해석하고 감당하는 언어가 되었으며, 그 언어를 통해 다시 살아 있는 자신을 확인할 수 있었다.

버팀은 배움을 통해 다시 살아갈 이유를 세우는 일, 그리고 삶의 의미를 새롭게 써 내려가는 여정이었다.

💡 작은 성실이 만든 힘

그 시기의 공부는 성취를 위한 수단이 아니었다. 학위를 얻기 위한 절차도 누군가에게 능력을 입증하기 위한 것도 아니었다. 다만, 오늘 하루를 이어가기 위한 호흡이자, 마음을 정리하기 위한 시간이었다. 머릿속을 떠도는 불안과 잡념을 잠시라도 잊어버리기 위해, 정해진 시간마다 책과 마주했다. 매일 정해진 시간에 책을 읽고 생각을 정리하는 리듬이 삶을 이어주는 맥박이 되었고, 흩어진 일상 속에서 다시 중심을 잡게 했다.

모든 것을 잊고 집중하는 순간, 혼란스러운 생각은 잠시 잦아들었다. 어제와 오늘이 단절되지 않도록 붙들어 주는 다리 하나가 마음속에 놓였다. 결과가 눈에 보이지 않아도 괜찮았다. 중요한 것은, 무언가를 할 수 있다는 것이었다. 이해하지 못한 문장을 붙들고, 도무지 의미를 찾을 수 없는 개념을 붙잡은 채 앉아 있는 시간 자체가 "오늘도 살아 있다"라는 감각으로 이어졌다.

알랭 드 보통이 《불안》에서 말했듯, 인생의 가장 큰 위기는 의미가 끊겼다고 느낄 때 온다. 그 시절의 공부는 끊김을 막아내는 행위이자, 무너진 세계를 다시 연결하는 실천이었다. 생각하고, 이해하려 애쓰고, 손을 멈추지 않았다는 사실이었다. 그 반복의 행위는 삶과 학문이 만나는 다리가 되었고, 그 위를 건너며 조금씩, 그러나 분명히 다시 살아났다.

시간이 흐르면서 그 습관은 질서가 되었고, 혼란 속에서도 방향을 잃지 않게 해 주었다. 학문은 머리로 이해하는 체계가 아니라, 내면을 정돈하는 훈련이자 나 자신을 회복시키는 의식으로 변했다. 책 한 권을 읽는 일은 지식의 확장이 아니라, 마음의 균형을 되찾는 일상이었다. 사람들은 흔히 인생의 전환점이 극적인 계기나 커다란 결단에서 비롯된다고 믿지만, 내 삶을 바꾼 것은 그런 순간이 아니었다. 오히려 아무도 보지 않는 자리에서 꾸준히 이어간 작은 반복과 성실의 힘이 나를 다시 일으켜 세웠다.

파커 파머의 《가르칠 수 있는 용기》에서 "우리는 위대한 계획으로 변화하는 것이 아니라, 작고 꾸준한 성실함 속에서 진짜 자신을 회복한다"라는 문장은 내 삶 속에서 하나의 실험처럼 증명되었다. 회복은 단 한 번의 결단으로 완성되지 않았다. 수없이 되풀이되는 사유와 배움의 축적, 그리고 그 속에서 형성된 인내의 근육이 다시 걷게 했다.

학문은 절망을 통과하게 만드는 사유의 장(場)이자, 삶의 혼란을 구조화하는 도구로 자리 잡았다. 그렇게 공부는 외부의 성취가 아니라, 내면의 질서를 회복하는 훈련으로 깊고 견고하게 다져 주었다. 돌아보면 나를 지켜낸 것은 탁월한 재능도, 눈에 띄는 성취도 아니었다. 오직 매일 이어진 성실과 그 안에서 멈추지 않았던 배움의 자세였다.

이해되지 않아도 다시 시도하고, 포기하지 않은 반복이 회복의 자리로 이끌었다. 비록 지식으로 환산되지 않는 시간들이었지만, 그 속에는 흔들리지 않게 만들었다. 그것은 생존이 아니라, 삶을 다시 설계하게 한 배움의 에너지, 다시 일어서게 한 내면의 리듬이었다. 그렇게 매일의 학문은 내 안의 질서를 회복시키고, 무너졌던 삶의 바닥 위에 새로운 리듬을 세웠다. 어느 날 문득, 깨달았다. 책 한 줄, 사유의 한 조각, 그리고 멈추지 않은 하루의 축적이 다시 살아 있게 만들었다는 사실을. 그것은 회복의 증거, 내 두 번째 삶의 첫 문장이었다.

💡 내면의 흔들림과 이중성

절망의 시간을 지나던 시절, 사람들의 눈에는 언제나 의연하고 밝은 사람으로 비쳤을지도 모른다. 힘들다고 말하면서도 웃음을 잃지 않았고, 늘 성실히 다니는 모습만 본 이들은 대수롭지 않게 여겼을 것이다. 남의 삶을 굳이 들여다보려는 사람도 없었다. 겉으로 보기엔 고요한 호수 같았지만, 그 수면 아래에서는 끝없이 몸부림치며 버티고 있었다. 언제 무너져도 이상하지 않을 만큼 위태로운 내면이 그 평온함 뒤에 숨어 있었다.

집으로 돌아와 문을 닫는 순간, 낮 동안의 담담함은 한순간에 무너졌다. 사람들 앞의 미소는 두려움을 가리기 위한 방어막이었고, 홀로 남은 자리에서는 사소한 일에도 무력감이 밀려왔다. '이 길이 맞을까, 끝까지 갈 수 있을까.' 작은 말 한마디에도 마음이 흔들렸고, 겉은 고요했지만 속은 폭풍처럼 요동쳤다. 그 괴리는 곧 자책으로 바뀌었다. 왜 이렇게 힘든데 아무렇지 않은 척을 하는가. 스스로를 책망하며 마음속 균열이 깊어졌다.

그때의 나는 고요한 호수 위를 미끄러지는 백조 같았다. 겉으로는 차분했지만, 물속에서는 끊임없이 발을 움직이며 균형을 잡고 있었다. 그 평온한 외형은 위선이 아니라 생존의 방식이었다. 무너짐을 견디기 위한 최소한의 장치였고, 하루를 이어가기 위한 보호막이었다. 불안을 숨기려 애쓴 그 태도 덕분에 삶은 완전히 무너지지 않았다.

겉과 속의 괴리는 오래도록 나를 괴롭혔지만, 시간이 흐르며 그것이 야말로 버티게 한 힘이었다. 겉의 성실함은 내면의 불안을 달래 주었고, 내면의 불안은 다시 성실을 더 절실하게 만들었다. 두 세계는 충돌하면서도 묘한 균형을 이루며 삶을 붙잡았다. 그 틈에서 공부의 의미를 배웠다. 학문은 흔들림을 없애는 수단이 아니라, 흔들림 속에서도 방향을 잃지 않으려는 마음의 훈련이었다. 시간이 지나며 그 이중성은 부끄러움이 아니었다. 그것은 연약함과 강인함이 공존하는 증거였다. 불안을 인정하고도 공부를 이어가려 했던 반복이 내면의 폭풍 속에서 안전망이 되어 주었다. 차분함을 지키려는 노력은 나약함이 아니라 생존의 지혜였다.

 흔들림을 덮어 둔 외형이 하루를 버티게 했고, 그 하루들이 쌓여 다시 살아갈 힘이 되었다. 모순은 회복의 또 다른 이름이었다. 완전히 무너지지 않기 위해 겉을 붙들었고, 겉을 지키기 위해 내면을 다스려야 했다. 그 긴 시간의 충돌과 균형이 오늘의 나를 만들었다. 내면의 파도는 여전히 출렁이지만, 이제는 그것이 나를 무너뜨리지 않는다. 오히려 그 진동이 사유의 깊이를 만들고, 학문의 온도를 높여 준다. 겉으로는 고요해 보이지만, 그 고요는 싸움이 끝난 평화가 아니라 싸움 속에서 얻은 균형이다. 흔들림을 통과하며 배운 이 진실이야말로, 내 삶을 다시 쓰게 한 가장 소중한 문장이 되었다.

2. 나눔에서 시작된 회복

💡 혼자 서는 것으로 끝나지 않은 회복

처음에는 회복이란 오롯이 개인의 몫이라고 믿었다. 쓰러진 자리에서 다시 일어나는 일은 끈기와 의지, 그리고 하루하루를 버티는 노력에서 비롯된다고 생각했다. 그래서 누구의 도움도 받지 않으려 했다. 흔들리는 마음을 억누르며 겉으로는 차분한 학생이자 연구자로 보이려 애썼다. 끝까지 혼자 견뎌내고, 이겨내야만 회복이라고 그렇게 자신을 몰아세웠다.

홀로 서는 것만으로는 회복이 완성되지 않는다는 사실을 알게 되었다. 억지로 감정을 억누르고 버티는 태도는 언젠가 또 다른 무너짐을 불러왔다. 회복은 혼자의 힘으로 버티는 일이 아니라, 넘어졌던 순간을 함께 나누고, 그 나눔 속에서 다시 살아갈 힘을 얻는 과정이었다. 다시 살아갈 용기를 준 것은 나 자신의 강인함이 아니라 관계였다. 홀로 버티던 시간은 나를 단련시켰지만, 함께 나눈 순간들은 다시 살게 했다. 혼자 서는 회복이 일으켰다면, 함께 걷는 회복은 지속하게 했다. 그렇게 나는 알게 되었다. 회복이란 혼자의 완성이 아니라, 서로의 삶을 이어주는 따뜻한 연대의 다른 이름이라는 것을.

곁을 지켜준 이들의 존재, 말없이 건넨 위로, 혼자 다시 일어선 줄 알았지만, 보이지 않는 연결 위에 서 있었다. 회복은 개인의 의지로만 완성되지 않는다. 외롭게 버티려 할수록 공허함은 깊어졌고, 아무리 애써도 내면의 빈자리는 채워지지 않았다. 견디는 것만으로는 삶이 다시 움직이지 않았다.

치유는 나눔 속에서 시작되었다. 마음속 상처를 조심스레 꺼내 놓았을 때, "나도 그런 시절이 있었다"라는 고백이 돌아왔다. 그 한마디에, 오래 잠겨 있던 마음이 풀렸다. 혼자가 아니라는 것, 같은 아픔을 지닌 이의 눈빛에서 전해진 공감은 어떤 말보다 깊게 다가왔다. 그 순간, 회복은 내 안에서 끝나는 것이 아니라, 누군가와 이어질 때 완성된다는 것을 깨달았다.

그 깨달음 이후, 회복을 나만의 성취로 두지 않겠다고 다짐했다. 다시 일어난 이유는 무너진 삶을 복구하기 위함이 아니라, 같은 상처를 겪는 누군가에게 손을 내밀기 위함이었다. 나의 경험이 다른 이의 희망이 된다면, 그 자체로 살아 있음의 의미가 된다.

돌이켜 보면, 회복을 오롯이 나만의 성취로 여겼던 시절은 불완전했다. "이것이 정말 회복일까?"라는 의문이 그림자처럼 따라다녔고, 언제든 다시 무너질 수 있다는 두려움은 사라지지 않았다. 그러나 회복을 '나눔'으로 확장한 순간 삶의 무게가 달라졌다. 상처는 누군가의 용기로, 실패는 또 다른 이의 출발점으로 이어질 수 있다는 믿음이 생겼다. 회복은 다시 일어나는 일이 아니라, 다시 살아가야 할 이유를 찾아가는 길이 되었다.

　회복은 손을 잡아주고, 곁을 지켜주며, 함께 길을 걸어갈 때 온전해진다. 개인의 회복이 공동체의 회복으로 이어지고, 경험이 또 다른 이의 희망으로 확장될 때 삶은 의미를 얻는다. 혼자의 성취는 흔들릴 수 있지만, 함께 살아가는 쓰임 속에서 회복은 깊어진다. 회복은 과거를 되돌리는 것이 아니라, 미래를 향해 걸어가는 다짐이다. 다시 일어서는 모든 순간은 나만의 이야기가 아니다. 그것은 누군가에게 전해질 용기이자, 삶이 나를 통해 계속 흘러가고 있다는 증거다. 회복은 끝이 아니라, 내일을 향한 또 하나의 시작이다.

💡 회복에서 쓰임으로

　처음의 회복은 철저히 개인적이었다. 무너진 자존심을 다시 세우고, 끊어진 관계를 잇고, 사라진 꿈을 붙잡기 위한 몸부림이었다. 상처를 치유하고, 다시 세우는 일에 모든 힘을 쏟았다. 붙잡았던 공부 또한 처음에는 생존을 위한 도구였다. 오늘을 견디기 위한 방패였고, 무너진 자존감을 회복하기 위한 마지막 수단이었다. 그러나 시간이 쌓이자, 배움과 지식은 점차 다른 의미를 띠기 시작했다.

　논문은 학문적 성취의 기록이 아니었다. 그것은 다시 살아낸 시간의 증거였고, 누군가에게 건넬 수 있는 언어로 바뀌었다. 받은 위로가 흘러가듯, 배움 또한 머물지 않고 흐르며 또 다른 회복을 만들어냈다. 쓰러진 자리에서 다시 일어난 뒤, 한동안은 그 이유를 찾지 못했다. 살아 있다는 사실이 감사했지만, 그것만으로는 부족했다. 어느 순간부터 마음속에 질문이 떠올랐다.

"이제 무엇을 위해 살아야 하는가?" 그 질문은 두 갈래 길을 열어주었다. 하나는 나만을 위한 삶이었다. 안정과 성취를 쌓으며 완성하는 길. 그러나 또 다른 길은 나를 넘어선 쓰임의 삶이었다. 내가 얻은 경험과 배움을 다른 이의 회복으로 이어가게 하는 삶이었다. 살아남은 이유는 개인의 완성을 위한 것이 아니라, 다시 세워진 삶을 통해 누군가에게 힘이 되어 주기 위함이었다.

회복은 나에게서 시작되었지만, 나로 끝나지 않았다. 그것은 나를 거쳐 타인에게 닿는, 끊임없이 이어지는 순환이었다. 그렇게 '나의 회복'은 어느새 '우리의 회복'으로 확장되고 있었다. 개인의 회복을 넘어선 쓰임 속에서 삶의 가치를 발견했다. 그것은 봉사가 아니라 존재의 연장이었다. 살아남은 이유와 다시 숨을 쉬는 이유가 그 안에서 분명해졌다.

상처는 부끄러운 흔적이 아니라, 의미로 변환된 경험이 되었다. 처음에는 버티는 것만으로 벅찼다. 무너진 마음을 추스르고, 깨진 관계를 붙잡고, 사라진 꿈을 되찾는 일이 온전히 혼자의 싸움처럼 느껴졌다.

쓰임의 길이 두렵더라도, 그 길만이 고통을 새로운 의미로 바꾸는 통로라는 것을. 앞으로 겪게 될 무너짐조차 누군가에게 위로가 된다면, 아픔은 숨겨야 할 과거가 아니라 타인의 삶 속에서 살아 움직이는 씨앗이 될 것이다.

쓰임받는 삶은 거창한 사명이 아니다. 그것은 언제나 가까운 자리에서, 가장 사소한 손짓과 시선 속에서 시작된다. 누군가의 손을 잡아주고, 불안한 마음을 잠시 들어주는 일, 그것이면 충분하다. 그 순간 누군가의 마음을 향해 자신을 열어 보이는 진심이다. 쓰임은 타인을 위해 자신을 희생하는 일이 아니라, 자신을 더 깊이 살아내는 또 하나의 방식이다.

회복이 무너진 나를 다시 일어서게 했다면, 쓰임은 그 회복의 의미를 세상과 이어주는 다리가 된다. 그 다리를 건너는 일은 삶을 다시 순환시키는 과정이다.

내가 받은 위로가 다른 이에게 전해지고, 또 그 위로가 다시 새로운 희망으로 이어질 때, 삶은 하나의 흐름이 된다. 그렇게 쓰임은 완성 시키는 끝이 아니라, 다시 세상으로 확장 시키는 시작이다. 진정한 회복은 나만의 완성으로 멈추지 않는다. 마음의 균형을 되찾는 데서 그치는 것이 아니라, 다른 이의 삶 속에서 다시 피어날 때 비로소 의미가 완성된다.

쓰임은 결과가 아니라 지속되는 관계의 형태이며, 삶을 다시 태어나게 하는 가장 인간적인 순환이다. 그리고 그 길 위에서, 배우고 있다. 쓰임을 향한 걸음이 나를 다시 성장시키고 있다는 사실을.

💡 경험이 헛되지 않았다는 확신

가장 두려웠던 것은, 그 모든 고통이 아무 흔적도 남기지 못한 채, 사라질지도 모른다는 생각이었다. 견뎌낸 시간이 의미 없이 흩어진다면, 그 고통은 다시 무너뜨릴 것만 같았다. 상실과 실패가 상처로만 남는다면, 그 고통은 두 번 죽이는 것이나 다름없었다. 경험은 헛되지 않고 누군가의 회 또 다른 시작의 길잡이가 될 수 있다면, 상처는 사라지는 것이 아니라, 방향을 바꾸어 다시 쓰일 수 있다. 아픔은 무의미한 흔적이 아니라, 다른 이의 발걸음을 비추는 지도가 될 수 있었다. 그 확신이 삶의 방향을 완전히 바꾸어 놓았다.

셰릴 샌드버그는 《옵션 B》에서 남편의 갑작스러운 죽음 이후, 삶이 송두리째 무너졌던 시간을 고백했다. 모든 것이 끝났다고 믿었던 그녀는 심리학자 애덤 그랜트와의 대화를 통해 알게 된다. "삶은 첫 번째 선택이 무너졌을 때, 두 번째 가능성을 찾아 나서는 여정이다." 그 말은 위로가 아니었다. 그녀는 자신의 상실을 글로 기록하고 다시 일어난 이야기를 공개하면서 수많은 독자에게 "나도 다시 시작할 수 있겠다"라는 용기를 건넸고, 그녀의 상실은 개인적 불행에 머물지 않고 타인의 희망으로 전환되었다.

그 글을 통해 확신하게 되었다. 고통은 감춰야 할 과거가 아니라, 누군가에게 닿을 수 있는 언어라는 것을. 실패는 나를 부끄럽게 하지 않았다. 그것이 있었기에 지금의 내가 있었고, 그 시간을 견딘 경험이 다른 이에게 닿는 순간, 상처는 짐이 아닌 힘으로 바뀌었다. "여기서 다시 일어설 수 있다"라는 경험이 헛되지 않고, 고통은 의미를 잃지 않는다. 다만, 그것을 어떻게 바라보느냐에 따라 전혀 다른 이야기가 된다. 견딘 시간은 나만의 것이 아니었다. 누군가에게 용기가 된다는 것을.

회복은 나로 끝나는 일이 아니라, 누군가에게 이어질 때 완성된다. 견뎌낸 시간은 누군가에게 닿아야 하고, 삶의 기록은 타인의 길을 밝히는 등불이 되어야 한다. 그래서 회복을 개인의 완성으로 남겨두지 않기로 했다. 삶의 궤적이 누군가의 새로운 출발점이 될 수 있다면, 그것만으로 충분히 가치 있는 인생이라 믿게 되었다.

아픔은 나를 가두는 감정이 아니었다. 누군가의 마음을 여는 열쇠가 되었고, 실패는 부끄러운 낙인이 아니라 용기를 건네는 언어가 되었다. 그 순간부터 고통은 방향을 바꾸었다. 나를 짓누르던 상처가 타인의 발걸음을 이끄는 힘으로 전환되었다. 다시 일어선 발걸음이 누군가의 길에 닿아 새로운 희망을 열어 줄 수 있다면, 그것은 타인의 회복을 불러오는 파동이 될 것이고, 함께 살아가게 하는 연결의 에너지가 될 것이다.

이 깨달음은 삶의 초점을 완전히 바꾸어 놓았다. 한때는 상실을 메우고 과거를 복구하는 데 몰두하고, 잃어버린 것을 되찾기 위해 몸부림쳤다. 지금은 그 경험을 어떻게 흘려보낼지 고민하게 되었다. 나를 일으켜 세운 그 시간이, 다른 사람의 시작점이 될 수 있다면 상실은 비극이 아니었다. 오히려 그 안에서 새로운 의미가 된다. 살아 있다는 것은 곧 누군가를 향해 쓰임받는 일이며, 그 쓰임을 통해 삶은 계속 확장된다.

삶은 언제든 예상치 못한 무너짐을 맞이할 수 있다. 그러나 중요한 것은 다시 일어서는 힘 그 자체가 아니라, 그 회복이 누구에게로 흘러가는가에 있다. 회복은 생존이 아니라 순환이다. 내게서 시작된 회복이 누군가에게 닿고, 다시 그에게서 또 다른 희망으로 되돌아올 때, 그 순환 속에서 또 다른 삶을 위한 발판이 될 것이다. 이 믿음이 오늘의 나를 지탱하고, 내일을 열어 간다.

3. 함께 걸어가는 길

💡 공동체 속에서 확장되는 삶

누군가의 손을 빌리지 않고, 내 안에서 힘을 짜내어 다시 걸어가던 시절이 있었다. 회복이 철저히 개인의 싸움, 혼자의 몫이라고 여겼다. 혼자서 견디는 것만으로는 충분하지 않다. 회복은 고립된 성취가 아니라, 관계의 울타리 안에서 완성된다. 마음을 내어놓는 일은 두려웠다. 그러나 마음을 열어 이야기를 나누는 순간, 고통은 짐이 아니라 다리가 되었다.

상처는 무게를 나누며 가벼워졌고, 아픔은 누군가의 공감 속에서 의미로 바뀌었다. 실패의 기억은 수치가 아닌, "다시 시작할 수 있다"라는 신호가 되었다. 서로의 이야기가 이어지며 작은 울림이 생겼고, 그 울림은 다시 나를 일으켜 세웠다. 혼자 버텨 얻은 힘이 있었다면, 함께 나누며 얻은 힘은 더 깊고 넓었다. 손을 내밀었을 때 마음이 치유되었고, 타인의 고백 속에서 자신의 상처를 다시 이해할 수 있었다.

다시 일어서는 것은 혼자의 완성이 아니었다. 함께 살아가는 과정 속에서, 나와 타인의 경계가 흐려지는 순간 삶은 되살아났다. 쓰러져도 함께 일어나고, 흔들려도 서로를 붙잡는 그 관계의 힘이야말로 삶의 복원력이었다. 홀로 서는 용기보다, 함께 걷는 믿음이 더 큰 힘이 되었다. 그렇게 나눔 속에서 삶은 생명처럼 확장되었고, 존재는 다시 이어졌다.

실패는 나를 가두는 족쇄가 아니었다. 누군가에게 "너도 다시 시작할 수 있다"라는 신호가 되어 주는 일, 그 안에서 진짜 의미를 발견했다. 아픔은 감추면 상처로 남지만, 나누면 치유로 바뀌었다. 실패는 숨기면 끝이지만, 나누면 희망이 되었다. 그 깨달음이 지금의 삶을 다시 움직이게 했다.

다시 일어설 수 있었던 힘도 내 안에서만 만들어진 것이 아니었다. 무너져 있던 시간, 곁을 떠나지 않던 사람들이 있었다. 긴 위로의 말보다 그저 함께 있어 준 존재들이, "괜찮다"라는 한마디가 다시 걸음을 떼게 했다. 그들이 있었기에 버틸 수 있었고, 함께였기에 다시 시작할 수 있었다.

나 또한 누군가의 곁이 되겠다고. 쓰러진 이가 다시 일어설 때까지 기다려 주고, 불안한 마음 곁을 지켜주는 사람이 되겠다고 다짐한다. 삶은 혼자 견디는 것이 아니라, 서로의 어깨에 기대어 함께 지켜내는 일이라는 것을 배웠다.

그 다짐은 사단법인 청년지식융합협회라는 공동체로 이어졌다. 협회는 다양한 전문 지식인들이 뜻을 모았지만, 진정한 목적은 '네트워크 구축'이 아니었다. 겉으로는 협력과 융합의 조직처럼 보일지 몰라도 절망의 끈을 붙잡고 있던 누군가에게 다가가기 위함이었다. 혼자서는 감당할 수 없는 문제를 함께 나누기 위함이었다.

무너졌던 시간은 분명하게 가르쳐 주었다. 삶은 혼자만의 힘으로 완성되지 않는다는 사실을. 그 깨달음이 협회의 철학이 되었다. "함께 나눌 때 완성된다"였다. 지식이 개인의 성취에 머물면 그것은 절반의 지식일 뿐이다. 경험이 연결되고, 지식이 흘러가는 순간, 그 의미가 완성된다.

청년지식융합협회를 세울 수 있었던 힘 또한 혼자에게서 비롯된 것이 아니었다. 무너진 자리에서 손을 내밀어 준 이들, 다시 일어설 수 있게 격려해 준 동료들이 있었기에 가능했다. 협회는 한 사람의 변화가 다른 이들의 삶으로 번져가는 지점에서 세워진 공동체였다. "함께 일어서는 힘"을 증명하기 위한 삶의 연장이자 서로의 경험이 이어져 더 큰 의미를 만들어, 내는 장이었다.

💡 지식이 모여 만든 길

청년지식융합협회는 "지식이 흘러야 비로소 살아 있다"라는 믿음에서 출발했다. 전문가 각자가 쌓아온 경험과 통찰을 개인의 성취에 가두지 않고, 사회를 밝히는 디딤돌로 삼고자 하는 마음이 모여 탄생한 공동체였다. 지식인들이 이름을 나열한 조직이 아니라, 서로의 전문성을 엮어 타인의 삶을 돕는 연결의 장이었다.

세무사, 노무사, 변호사, 경영지도사, 변리사, 법무사, CFP, 행정사 등 다양한 전문가들이 한자리에 모였지만, 협회 안에서는 '직함'이 중심이 아니었다. 자격보다 중요한 것은 지식을 어떻게 나누고, 누구의 삶에 닿게 할 것인가였다. 지식은 나눌 때 비로소 의미를 얻고, 전문성은 타인의 현실과 맞닿을 때 가장 빛난다는 확신이 우리를 하나로 묶었다. 청년지식융합협회가 세운 길은 학문적 이론이 아닌, 삶에서 증명된 지혜가 모여 만든 길이었다. 각자의 분야에서 얻은 경험이 교차하며 새로운 해답을 만들고, 그 해답이 다시 누군가의 도전과 재도약을 이끌어냈다. 그렇게 지식은 개인의 소유가 아닌, 공동체가 함께 살아가는 힘으로 확장되었다.

협회의 전문위원들이 강의나 컨설팅을 진행할 때 목표는 정보를 전달하거나 문제를 해결하는 데 있지 않았다.

세무사는 절세 방법을 제시하는 전문가가 아니라, 사업이 지속 가능한 재무 구조를 설계하도록 돕는 조율자였다.

노무사는 분쟁이 발생한 뒤 개입하는 해결자가 아니라, 갈등을 예방하고 건강한 일터 문화를 만들어 가는 동반자였다.

변호사와 법무사는 소송을 대신하는 대리인이 아니라, 기업이 법적 리스크를 미리 인식하고 신뢰를 기반으로 성장할 수 있도록 지탱하는 든든한 울타리였다.

경영지도사와 CFP는 재무와 전략을 조율하여 단기적 이익이 아닌 장기적 지속 가능성을 설계하도록 안내했다.

변리사는 지식재산을 보호하는 데 그치지 않고, 아이디어를 기업의 새로운 성장 동력으로 전환하는 전략가였다.

이렇듯 협회가 지향하는 전문성은 '문제 해결'이 아니라 '구조를 다시 세우는 힘'이었다. 강의는 지식을 나누는 자리가 아니라 신뢰를 쌓는 출발점이 되고, 컨설팅은 답을 주는 서비스가 아니라 함께 길을 찾아가는 공동의 탐색이 되었다. 문제의 원인을 진단하고 해결책을 제시하는 데서 멈추지 않고, 실제로 그 문제를 함께 풀어내는 과정까지 동행하는 것이 협회의 본질이었다.

협회의 원칙은 단순하다. 전문성은 타이틀이 아니라 태도이며, 이론이 아니라 실천이다. 중요한 것은 '전문가'라는 이름이 아니라, 그 이름이 누군가의 삶을 어떻게 지켜주었는가, 그 지식이 위기 앞에서 어떤 힘이 되었는가이다. 따라서 협회는 자문에 머무르지 않는다. 강의와 상담, 실행과 피드백, 그리고 다시 점검하는 과정을 통해 전문가이기 이전에 '함께 길을 찾는 사람'으로 존재한다.

각자의 전문성을 통해 사회의 빈틈을 메우고, 청년 창업자·중소기업·소상공인 그리고 위기 앞에 선 개인들이 다시 설 수 있도록 돕는 '지식 기반의 회복 장치'다. 세무의 지식은 기업과 가정을 지키는 울타리가 될 때 의미 있고, 법률의 지식은 사회적 약자의 권리를 보장할 때 가치가 있다. 재무와 경영의 지식은 청년과 기업의 미래를 설계할 때 살아난다. 협회는 그 현장에서 지식을 실천으로 증명하고, 전문성을 '쓰임의 방식'으로 완성해 간다.

그 과정에서 자연스럽게 하나의 약속이 생겼다. "혼자 잘하기 위한 지식이 아니라, 함께 살아가기 위한 지식을 만들자." 전문성은 개인의 자산이 아니라 공동체의 자산이며, 쌓아온 경험은 누군가를 돕는 힘으로 이어져야 한다. 각기 다른 분야의 전문가들이 모였지만, 지향점은 하나였다. 서로의 지식을 나누어 더 큰 성장을 만들고, 혼자가 아닌 '함께의 길'을 여는 것, 그것이 협회의 존재 이유이자 우리가 짊어진 책무였다.

💡 전문성이 쓰임으로 완성될 때

협회의 슬로건 "같이가", 이 짧은 문장은 단순한 구호가 아니라 같이, 이루자, 가치 있게, 함께 살아가겠다는 선언이 담겨 있다. 혼자만의 성취가 아니라, 서로의 짐을 나누고 서로의 가능성을 키워주자는 약속이다. 이는 단 한 사람의 성공이 아니라, 함께 성장하고 서로를 지탱하며 살아가려는 철학의 표현이었다. 협회가 설립된 이유도 그 믿음에서 비롯되었다. 지식은 사람과 사람 사이를 건너며 쓰이고, 누군가의 삶을 움직이는 순간, 살아 있는 가치가 된다. 혼자 깨달은 진리는 반쪽에 불과하고, 함께 나눈 통찰만이 세상을 바꿀 수 있다는 믿음이 그 바탕이었다.

그 길은 완벽하지 않다. 불안이 찾아오고, 예상치 못한 도전에 맞닥뜨릴 때면 흔들리기도 한다. 그러나 분명한 사실이 있다. 함께이기에 무너지지 않는다는 것. 서로의 전문성과 경험이 얽혀 지식이 '공동의 언어'로 작동하는 순간, 불안은 벽이 아니라 다리가 된다. 협회는 그 다리가 놓이는 공간이다. 한 사람의 통찰이 다른 사람의 성장으로 이어지고, 개인의 경험이 또 다른 출발점을 여는 순환의 구조가 이곳에서 만들어진다. 나의 지식이 곧 우리의 자산이 되고, 그 지식이 나눔을 통해 세상과 연결될 때 비로소 '길'이 완성된다.

협회의 구성원들은 조언을 건네는 전문가로 머물지 않는다. 젊은 창업자에게는 "알아야 지킬 수 있다"라는 인식을 심어주고, 불확실한 내일 앞에서 두려움을 느끼는 소상공인에게는 "당신은 혼자가 아니다"라는 확신을 전한다. 강의는 지식을 일방적으로 전달하는 시간이 아니라 신뢰를 쌓는 첫걸음이며, 컨설팅은 문제의 해답을 주는 일이 아니라 함께 답을 찾아가는 여정이다.

진단과 처방에서 멈추지 않고, 실행과 점검의 단계까지 함께 걸어가는 것이 협회의 방식이다. 그 과정에서 우리는 전문가이기 전에 먼저 동행자가 된다. 누군가의 불안을 함께 견디며, 문제의 실마리를 함께 찾고, 다시 일어서는 길을 함께 설계한다. 이것이 바로 청년지식융합협회가 지향하는 진정한 협력의 모습이다. 지식은 나눌 때 성장하고, 협력은 함께 걸을 때 완성된다. 그 길 위에서 우리는 '전문가'라는 이름을 넘어, 사람과 사람을 잇는 다리가 되어 간다.

협회가 추구하는 본질은 하나다. 지식이 사람을 살리고, 전문성이 세상을 이롭게 해야 한다는 믿음. 모든 활동은 이 단순하지만 깊은 신념 위에 세워져 있다. 우리가 쌓아온 배움은 나만의 경력을 장식하기 위한 것이 아니라, 누군가의 내일을 함께 설계하기 위한 도구여야 한다. 세무, 노무, 법률, 경영, 재무, 특허, 행정 등의 각 영역이 모여 만들어내는 협력의 힘은 사람을 중심에 두는 지식의 실천으로 이어진다.

청년지식융합협회는 '전문가들의 모임'이 아니라, 삶을 함께 짓는 사람들의 연대체다. 우리의 지식은 보고서나 계약서 속에 머무르지 않는다. 현장의 문제를 함께 고민하고, 청년과 기업이 다시 일어설 수 있도록 돕는 행동 속에서 살아 숨 쉰다. 누군가의 위기 한가운데서 손을 내밀고, 그 손을 통해 세상과 이어질 수 있게 하는 것이 협회의 존재 이유다.

"'같'이, '이'루자, '가'치 있게." 이 짧은 문장은 선언이자 약속이다. 혼자의 성공보다 함께하는 성장, 지식의 소유보다 지식의 쓰임을 선택하겠다는 다짐이다. 그 길 위에서 협회는 앞으로도 질문을 멈추지 않을 것이다.

"이 지식은 지금 누구를 향하고 있는가?" 그 질문이 청년지식융합협회가 존재하는 이유이자, 우리가 걸어가야 할 지속 가능한 배움과 실천의 방향이다.

7장

감사는
다시 살아가는 힘

7장
감사는 다시 살아가는 힘

끝처럼 보였던 자리에서도 나를 일으킨 힘은 감사였다.

그 감사는 의지가 아니라, 속에서 피어난 작은 깨달음이었다. 일상의 숨결과 시간 너머 이어진 고마움이 삶을 붙들었고, "오늘을 살아 있다는 사실"이 기적임을 깨달은 순간, 무너짐은 새로운 시작으로 바뀌었다.

마르쿠스 아우렐리우스의 "삶의 기적은 오늘을 살아 있다는 사실 그 자체에 있다"라는 문장은 내 안에서 오랜 울림으로 남았고, 무너졌던 자리를 또 다른 출발선으로 바꾸어 놓았다. 다시 일어선 순간마다, 마음 한편에 감사가 있었다.

감사는 과거의 상처를 덮는 위로가 아니라, 새로운 삶을 시작하게 하는 재생의 힘이었다. 그렇게 감사는 다시 걷게 했고, 두 번째 삶을 완성하는 가장 큰 힘이 되어 주었다.

1. 넘어진 자리에서 일어서게 한 힘

💡 멈춤 속에서 발견한 시작의 빛

멈춰 선 순간, 세상은 조용했지만, 마음은 요동쳤다. 아무리 애써도 붙잡을 수 있는 것이 없었고, 다시 일어설 이유조차 흐릿했다. 끝처럼 보였던 그 자리는 고통과 공허가 남은 잿빛 공간이었다. 그러나 이상하게도 그 멈춤 속에서 다시 숨 쉬게 하는 힘이 있었다. 그것은 크고 거창한 것이 아니라 평범한 일상의 작은 조각들이었다.

가족의 숨소리, 새벽마다 스며드는 빛, 병상 위에서도 움직이던 손끝. 그 사소한 것들이 내 안의 끈을 놓지 않게 해 주었다. 세상의 기준이 무너지고 손에 쥔 모든 것이 사라졌을 때 남은 것은 가장 본질적인 것들이었다. 숨을 쉬고, 누군가가 곁에 있고, 여전히 배울 수 있다는 사실. 그것이 삶을 다시 이어주는 시작의 빛이 되었다.

되돌아보면, 다시 살아낼 힘은 의지에서 오지 않았다. 억지로 견디려고 애쓸수록 더 깊은 절망에 빠져들었다. 모든 것을 받아들이는 순간부터 변화가 시작되었다. 잃음을 인정하고, 상처를 감추지 않고, 멈춘 현실을 있는 그대로 마주했을 때 마음에 작은 틈이 생겼다. 그 틈으로 스며든 것이 감사였다. 아무것도 남지 않았다고 믿었지만, 사실은 남아 있던 것들이 있었다. 그 깨달음이 어둠을 뚫는 불빛이 되었고, 삶의 무게를 새롭게 바라보게 했다.

누구에게도 털어놓을 수 없던, 답답함을 혼자 짊어지지 않아도 되었다. 기도로 마음을 내어놓을 수 있었음에 감사했고, 모두가 등을 돌려도 끝까지 곁을 지켜주신 존재에 감사했다. 세상의 비난이 몰려와도 흔들리지 않게 중심을 세워 주신 힘에 또 한 번 감사했다. 사람이 알아주지 않아도 괜찮았다. 하나님이 알아주신다는 그 믿음 하나가 마음을 단단히 붙들어 주었다. 아무리 외쳐도 닿지 않는 말, 아무도 들어주지 않는 마음속 깊이 스스로 다짐했다. "사람이 몰라도 괜찮다, 하나님이 아신다"라는 그 고백이 내 안의 평화를 되살렸다. 세상이 닫혀도 하늘은 열려 있었고, 절망의 벽 안에서도 기도의 숨결은 끊이지 않고 이어지고 있었다.

감사는 무너진 마음에 다시 숨을 불어넣는 호흡이자, 멈춘 삶을 다시 움직이게 하는 힘이었다. 상실의 한가운데에서도 감사는 희미한 불빛처럼 남아, 어둠을 밀어내고 하루를 다시 걷게 했다. 삶을 다시 사랑하게 만드는 가장 근원적인 힘이었다. 한때 모든 것이 멈춘 듯 보였지만, 그 정지의 시간 속에서도 감사는 여전히 숨 쉬고 있었다. 잃어버린 것들보다 남아 있는 것들을 바라볼 수 있게 한 시선, 그것이 새로운 삶의 시작이었다. 절망의 어둠을 지나왔기에 빛의 온기가 더 따뜻하게 느껴졌고, 상실의 자리를 통과했기에 존재의 소중함이 더 깊이 스며들었다.

많은 것을 잃었지만, 그 속에서 나를 지켜주는 것들이 있었다. 그 사실을 깨닫는 순간, 삶은 다시 선물처럼 다가왔다. 감사는 감정이 아니었다. 그것은 무너졌던 시간을 받아들이게 하는 통로이자, 다시 살아가게 하는 힘이었다.

멈춤의 자리는 끝 안에는 새로운 시작의 씨앗이 숨어 있었다. 사람의 손길이 닿지 않아도, 하늘의 위로가 마음을 어루만져 다시 길을 열어주었다.

감사로 시작해 감사로 이어졌고, 그 감사가 멈춘 삶을 다시 움직이게 했다. 그렇게 멈춤은 패배가 아니라, 빛을 품은 고요였다. 잃음을 통과하며 비로소 깨달았다. 살아 있다는 그 자체가 이미 감사의 증거이며, 다시 걸어갈 수 있다는 사실이야말로 삶이 내게 준 가장 큰 축복이었다.

💡 모든 끝은 또 다른 시작

삶에는 누구에게나 끝처럼 보이는 순간이 찾아온다. 더는 길이 없다고, 여기서 멈춰야 한다고 느껴지는 그 지점이 있다. 나 역시 그 문턱을 지나왔다. 모든 것을 잃은 듯한 날, 눈앞에는 오직 '끝'이라는 단어만이 남았다. 그 끝은 돌이킬 수 없는 파멸처럼 보였다. 관계가 끊어지고, 신뢰가 무너지고, 가진 것을, 한순간에 잃었을 때 세상은 마치 나를 완전히 지워버린 듯했다. 그러나 시간이 흐르며 그 끝은 종착지가 아니었음을 깨달았다. 무너짐은 멈춤이 아니라 전환이었고, 닫힌 문은 새로운 방향을 가리키고 있었다.

짐 콜린스는 《위대한 기업은 다 어디로 갔을까》에서 조직의 몰락하는 과정을 다섯 단계로 나누며, 그중 네 번째 단계를 '구원의 손길을 찾으려는 발버둥'이라고 했다. 이미 균형을 잃은 배를 살리기 위해 기업은 급하게 방향을 틀고, 외부의 해답을 찾아 헤맨다. 그러나 이 시점에서 필요한 것은 기적 같은 해법이 아니었다. 해결책을 찾아 허둥대는 사이, 본질을 잃어버리기 쉽다. 진정한 회복은 외부의 개입이 아니라, 언제나 내부에서 찾아야 한다.

기업이 위기를 맞을 때 가장 먼저 돌아가야 하는 곳이 사명과 비전의 근원인 것처럼, 나 역시 삶의 방향을 되찾기 위해 내면의 중심으로 돌아가야 했다. 그 문장을 읽는 순간, 내 인생 또한 기업의 곡선을 닮아 있었다는 사실을 깨달았다.
몰락의 경계에서 수많은 손길을 찾아 헤맸지만, 나를 다시 일으켜 세운 것은 외부의 도움이 아니었다. 그 자리에 남아 있던 단 한 가지는 '감사'였다. 그 마음이야말로 무너짐을 새로운 출발로 바꾼 유일한 힘이었다.

몰락의 4단계에 동그라미를 치며 그 옆에 적었다. "추락하는 것에 날개가 있다. 더 이상 내려갈 곳이 없었기에, 이제부터는 날아오를 수밖에 없다." 그 문장을 쓰는 순간, 마음이 차분해졌다. 상실은 끝이 아니라 새로운 상승의 전조였다. 떨어지는 시간은 단지 방향을 바꾸는 과정이었고, 무너짐은 다시 날아오르기 위한 준비였다. 감사는 그 전환의 중심에서 나를 붙들었다. 절망 속에서도 남아 있던 관계, 다시 시작할 수 있다는 믿음, 그리고 살아 있다는 사실에 대한 감사가 무너짐을 도약으로 바꾸었다.

추락의 순간조차 완전한 끝이 아니었다. 가장 낮은 자리에서 감사할 때, 삶은 다시 위로 향하기 시작한다. 기업이든 개인이든 구원의 손길은 밖에서 찾아오는 것이 아니었다. 이미 곁에 있던 관계, 함께했던 시간, 그리고 내 안에 남아 있던 감사의 마음이야말로 삶을 다시 움직이게 하는 가장 근원적인 힘이었다. 다른 누군가의 도움보다, 내 안의 감사로 향했을 때, 무너졌던 삶은 조금씩 숨을 되찾았다.

끝처럼 보였던 순간은 사실 삶을 다른 궤도로 이끄는 전환의 문턱이었다. 모든 것이 사라진 자리에 서야 비로소 알게 된다. 정말 붙잡아야할 것이 무엇인지, 무엇이 사라져도 남는 본질이 무엇인지. 소유와 성취가 삶의 전부라 믿던 시절에는 보이지 않던 것들이, 잃음을 통과하며 오히려 선명하게 드러났다. 상실은 잔인했지만 동시에 깊은 가르침을 남겼다. 삶은 빼앗기고 깨어지는 과정 속에서 비로소 본질을 드러냈다.

그 자리에 남겨진 것은, 끝까지 흔들리지 않았던 믿음과 미약하지만, 포기하지 않았던 살아보겠다는 의지였다. 만약 그 절벽의 시간을 통과하지 않았다면, 여전히 익숙한 방식에 매달린 채 같은 자리를 맴

돌고 있었을 것이다. 그러나 무너짐은 살아야 할 이유를 다시 생각하게 했고, 그 생각이 나를 새로운 길로 나아가도록 밀어붙였다. 삶이 다른 궤도로 접어드는 신호였다. 절망의 틈으로 스며든 감사가 그 신호를 빛으로 바꾸었다.

무너짐은 멈춤이 아니라 변화를 향한 통로였다. 끝은 때로 원치 않는 방식으로 다가오지만, 그 자리에 머물지 않는 한 반드시 새로운 길을 내어준다. 걸어온 길 위에서 분명히 알게 되었다. 끝은 끝이 아니었다. 그것은 다만, 삶이 새로운 문장을 써 내려가기 위해 쉼표를 찍는 순간이었다.

💡 비워짐이 남긴 감사

상실은 언제나 통증을 남긴다. 잃은 것이 크든 작든, 그 자리에 남는 것은 텅 빈, 공간과 마주 선 자신뿐이다. 모든 의미가 사라진 듯한 시간 속에서 방향을 잃고 헤맸다. 하루를 버티는 일조차 버거웠고, 세상은 그대로 흘러가는데 오직 나만 멈춰 있는 듯했다. 상실의 무게는 하루하루를 짓눌렀고, 그 힘은 아픔을 넘어 삶 전체를 마비시켰다.

그러나 시간이 흐른 뒤에야 상실이 빼앗김이 아니라, 삶의 깊은 결을 비추는 빛이었다는 걸 깨달았다. 잃음을 지나며 남은 것들이 모습을 드러냈다. 상실은 모든 것을 비워냈지만, 그 빈자리에서 삶이 채워져야 할 진정한 의미를 알게 되었다. 눈에 보이는 소유와 성취가 삶의 전부이던 시절에는 보지 못했던 것들, 상실은 그것들이 얼마나 덧없는지를 일깨웠다. 잃고 난 후에야 알았다. 삶을 지탱하는 것은 손에 쥔 것이 아니라 마음에 남은 것들이었다.

모든 것을 잃고 나서야 어떻게 살아가야 하는지를 배우게 된다. 그 깨달음이 상실을 고통이 아닌 성장의 입구로 바꾸었다. 잃음의 자리에서야 삶은 다시 시작된다.

처음 상실을 마주했을 때는 절망뿐이었다. 삶의 의미가 허공으로 흩어지는 듯했고, 어디에도 기대지 못한 채 무력하게 주저앉았다. 그 시간은 끝이 보이지 않는 절망의 터널 같았다. 어디에도 기댈 곳이 없어 홀로 무너져 내리는 시간 속에서 무력감만이 남았다.

하지만 시간이 지나며 조금씩 보이기 시작했다. 상실은 무너뜨리는 힘이 아니라, 가려져 있던 본질을 드러내는 과정이었다. 잃고 나서야 보였다. 공허 속에서도 꺼지지 않는 희망의 불씨, 다시 살아가려는 의지의 흔적, 사랑의 온기. 상실은 삶이 무엇으로 지탱되는지를, 무엇이 진정한 본질인지를 가르쳐 주었다. 그 과정을 지나며 마음은 유연해지고 더 깊어졌다. 잃음이 없었다면 배우지 못했을 감정들 겸손, 연민, 그리고 감사. 상실은 소유의 가치를 지우고, 존재의 의미를 새로 썼다. '가지고 있음'이 아니라 '살아 있음'이 삶의 중심이 되었다.

상실은 결핍이 아니라 성장의 문이었다. 모든 것을 잃은 것 같던 그 시간조차 헛되지 않았다. 그 잃음이 나를 단련시키고, 다시 살아갈 이유를 선명히 일깨워 주었다. 상실의 끝에서 마주한 가장 큰 선물은 다름 아닌 감사였다. 잃음은 나를 비워내는 동시에 새롭게 깨어나게 했다. 눈앞에서 되돌릴 수 없는 일들이 일어나면, 삶의 모든 색이 사라진 듯 느껴진다.

상실은 삶을 다시 정렬하는 과정이었다. 무엇이 필요한 것이었는지, 무엇이 끝까지 남는 힘이었는지를 가르쳐 주었다. 불필요한 욕망과 허영이 걷히자, 오히려 보였다. 숨 쉬고 있다는 사실, 사랑할 수 있고 감사할 수 있다는 가능성. 무너진 자리에서 삶의 본질이 다시 빛났고, 그 빛이 새로운 길을 비추었다.

이제 상실은 두려움의 언어가 아니라 깊어짐의 언어로 남았다. 그것은 나를 무너뜨린 사건이 아니라, 삶의 방향을 바로잡은 이정표였다. 잃음을 통과하지 않았다면 알 수 없었을 것이다. 살아 있다는 감각은 잃은 후에야 시작된다는 것을.

2. 감사가 이끈 새로운 길

💡 아픔 속에서 피어난 감사

아픔은 언제나 삶의 가장 깊은 곳을 건드리며, 외면해 온 진실을 드러낸다. 고통 앞에서는 어떤 가면도, 위장된 강함도 무용하다. 아픔은 겉의 장식을 걷어내고, 마음의 가장 밑바닥에 숨겨 둔 두려움과 상처를 꺼내 놓는다. 처음에는 그 낯선 고통이 두려웠다. 하지만 아픔은 우리를 무너뜨리는 힘이 아니라, 진실로 이끄는 힘이라는 길이었다.

고통은 삶의 표면을 갈라내며, 그 아래 숨겨져 있던 진실을 드러냈다. 잃음을 통과해야만 보이는 것들이 있었고, 오래 미뤄 두었던 질문들이 다시 떠올랐다. '무엇으로 살아가는가', '끝까지 지켜야 할 것은 무엇인가'. 아픔은 그 질문 앞에서 멈춰 세웠다. 외면했던 진실을 마주하게 했고, 삶의 중심을 다시 세우도록 이끌었다. 그 과정을 지나며 삶의 우선순위가 바뀌었다. 소유나 성취보다 마음의 평안, 결과보다 관계의 소중함을 알게 되었다. 욕망이 걷히자, 마음 깊은 자리에서 고요한 감사가 스며들었다.

고통은 여전히 쓰라렸지만, 그 정직함이 나를 새롭게 단련시켰다. 삶의 가장 낮은 곳에서야 나 자신을 제대로 마주할 수 있었고, 그 자리에서 감사의 의미가 선명해졌다. 감사는 외부의 조건에서 오는 감정이 아니라, 모든 것을 잃은 순간에도 여전히 남아 있는 '살아 있음'의 증거였다. 그렇게 고통은 끝이 아니라, 다시 살아가게 하는 내면의 불빛이 되었다.

아픔은 닫혀 있던 마음을 열게 했다. 상처를 통과하기 전에는 모든 것을 홀로 감당해야 한다고 믿었고, 타인에게 기대는 일은 약함이라 여겼다. 그러나 고통의 한가운데에서 깨달았다. 혼자의 의지만으로는 삶을 버텨낼 수 없다는 사실을.

곁을 지켜준 이들이 없었다면, 다시 일어설 힘도 생기지 않았을 것이다. 그 경험은 인간의 강함이 홀로 서는 데 있지 않음을, 함께 기대며 살아갈 때 회복이 가능함을 가르쳐 주었다.

아픔은 내 안의 교만을 걷어내고, 타인에게 마음을 여는 법을 일깨웠다. 관계는 선택이 아니라 생의 토대였고, 서로에게 기대는 일은 연약함이 아니라 살아 있음의 증거였다. 그렇게 아픔은 '혼자 버티는 사람'에서 '함께 살아가는 존재'로 바꾸어 놓았다. 그리고 그 시간은 삶의 속도를 바꾸어 놓았다. 늘 앞만 보며 달려야만 가치가 있다고 믿었고, 멈추는 순간 곧 뒤처진다고 여겼다. 그러나 고통은 발걸음을 멈추게 했고, 그 멈춤 속에서 숨을 고르는 법을 배웠다.

지나쳐 버렸던 풍경이 눈에 들어왔고, 느림 속에서만 자라나는 사유의 깊이를 알게 되었다. 아픔은 빠름의 시대에 잊고 지냈던 '깊이의 시간'을 되돌려주었다. 속도를 늦춘 자리에서 깨달았다. 빠르게 달리는 능력보다, 천천히 머물며 느끼고 성찰하는 힘이 삶을 더 멀리 이끈다는 것을. 아픔은 삶의 방향을 바꾸는 손끝이 되었고, 그 느린 걸음 속에서 감사와 통찰이 자라났다.

아픔은 피해야 할 장애가 아니라, 삶의 이면을 비추는 투명한 거울이었다. 그 시간을 통과하지 않았다면 여전히 겉모습에 매달리며, 내면의 목소리를 외면한 채 살아갔을 것이다. 그러나 고통은 겉껍질을 벗기고 나를 안쪽으로 이끌었다. 삶은 화려한 성취가 아니라, 본질과 진심 위에 세워져야 한다는 사실을 깨닫게 했다. 흔들려도 다시 일어서는 힘, 혼자가 아닌 함께 걸어가는 연대, 속도가 아닌 깊이를 선택하는 태도. 그것이 아픔을 지나며 새롭게 알게 된 삶의 얼굴이었다.

상처가 남아 있어도 괜찮았다. 완벽하지 않아도 괜찮았다. 아픔은 나를 무너뜨린 것이 아니라, 더 진실하게 빚어낸 손길이었다. 그리고 바로 그 자리에서 감사가 다시 숨을 쉬기 시작했다. 살아 있다는 사실, 아픔 속에서도 배우고 깨달을 수 있다는 가능성, 함께 있어 주는 존재, 그리고 걸어갈 길이 남아 있다는 것. 그 모든 것이 선물이었다. 삶의 진짜 아름다움은 흠 없는 완전함이 아니라, 상처와 흔들림을 품은 채로도 다시 나아가려는 용기, 그리고 그 안에서 발견한 감사였다.

💡 작은 일상이 지켜 준 숨결

삶이 완전히 끝났다고 믿었던 순간이 있었다. 다시 일어설 힘조차 남아 있지 않은 채, 모든 의미가 사라진 듯했다. 공허와 무력감만이 남아, 그 자리에 한동안 멈춰 서 있었다. 그러나 바로 그 끝에서 미세한 움직임 하나가 일어났다. 숨이 닿는 지금, 이 순간을 살아보겠다는 선택이었다.

그것은 생명을 다시 붙잡게 한 선택이었다. 내일을 기대하기에는 너무 멀었고, 미래를 그리기에는 아직 상처가 깊었지만, 오늘 하루만은 놓지 않겠다는 다짐이 나를 일으켜 세웠다. 그 하루의 반복이 기적을 만들었다. 짧은 생각 하나라도 굴리며, 사소한 일상에 마음을 담던 시간들이 '아직 끝나지 않았다'라는 증거였다.

다시 살아남은 것은 어느 날 갑자기 찾아온 행운이 아니었다. 절망의 밑바닥에서 시작된 아주 작은 다짐들, 그 하루하루의 누적이 새로운 삶의 토대가 되었다. 때로는 흔들리고 사라질 듯 희미했지만, 그 작은 결심들이 모여 나를 다시 세웠다. 오늘을 버틴 힘이 내일의 길을 만들었고, 그 길 위에서 삶은 다시 숨을 쉬기 시작했다.

브레네 브라운이 《마음 가면》에서 말했듯, 가장 깊은 취약함 속에서 감사는 다시 서게 하는 토대가 된다. 무력함과 절망 한가운데서도 아주 작은 감사의 순간들을 붙잡을 때, 그 순간들이 삶을 다시 일으켜 세우는 힘이 된다. 나 역시 그 진실을 온몸으로 겪었다. 아무것도 남지 않은 자리에서 오늘 하루를 버티게 한 잔잔한 숨결, 눈을 뜨고 다시 하루를 맞이할 수 있다는 선물, 그리고 끝까지 곁에 지켜준 단 한 사람의 존재. 그것들이 내 삶을 다시 일으켜 준 작은 일상들이 모두 기적이고 감사였다.

모든 것이 사라진 듯한 그 자리에서, 역설적으로 다시 살아가려는 의지와 감사의 힘이 시작됐다. 삶은 완전히 꺼졌다고 믿었던 자리에서 미세한 숨결이 남아 있었고, 그 숨결이 희미한 빛이 되어 이끌었다. 그 빛을 붙잡고 하루를 버티다 보니, 어느새 또 다른 시작이 만들어지고 있었다.

절망의 끝에서 붙잡은 다짐과 감사는 내 인생을 다시 움직이게 한 기적이었다. 그것은 누군가의 도움으로 찾아온 것이 아니라, 오랜 어둠 속에서 스스로 만들어 낸 희망의 싹이었다. 기적은 멀리 있지 않았다.

무너진 마음 한가운데서 "오늘 하루만 더 살아보자"라고 속삭이던 그 의지가 기적이었다. 그 작은 다짐이 쌓여 내일의 문을 열었고, 그 문 너머에서 다시 삶이 이어졌다.

절망은 끝은 종착지가 아니라, 다시 출발하기 위한 정거장이었다. 희망이 보이지 않던 순간에도 감사는 내일을 향한 발걸음을 지탱해 주었다. 어제의 절망을 견디게 한 힘이 오늘의 길이 되었고, 그 길은 또 다른 생의 방향으로 이어졌다.

감사는 다시 살아갈 힘을 키워내는 보이지 않는 거름이었다. 시간이 흐르며 더욱 굳건한 뿌리로 자라났다. 기적은 멀리 있지 않았다. 그것은 극적인 반전이나 눈부신 성취 속에 있는 것이 아니었다. 무너진 자리에서도 다시 일어서려는 마음, 매일 새롭게 선택하는 작은 감사 속에 숨어 있었다. 그 감사의 힘이 다시 움직이게 했고 앞으로 나아가야 할 이유를 일깨워 주었다.

💡 시간의 벽을 넘어서게 한 감사

"이미 늦었다." 그 말은 오랫동안 마음속에서 무겁게 울렸다. 흘러간 시간이 두려움으로 변했고, 세상의 속도에 미치지 못한다는 생각은 나를 점점 작게 만들었다. 나이는 새 출발을 망설이게 했고, 타인의 시선은 한 걸음을 내딛는 용기마저 앗아 갔다. 늦음은 마치 모든 가능성을 닫아버리는 문처럼 느껴졌다. 그러나 늦음은 실패의 증거가 아니었다. 멈추지 않고, 다른 속도로, 다른 시선으로 살아가라는 삶의 초대였다. 세상의 기준에서는 더딘 걸음일지 몰라도, 내 안에서는 가장 진실한 속도였다. 그렇게 늦음은 두려움의 언어가 아니라, 새로운 가능성의 시작이 되었다.

더딘 걸음은 불안했지만, 그 느림 속에는 앞만 보며 달릴 때는 보이지 않던 풍경이 숨어 있었다. 늦게 시작한 공부는 결심보다 꾸준함을, 성취보다 인내를 요구했다. 처음엔 그 인내가 버거웠지만, 시간이 흐르며 깨달았다. 그 끈기의 뿌리에는 언제나 감사가 있었다는 것을.

감사는 의지로 만들어낸 것이 아니었다. 단지 오늘 숨 쉴 수 있음에, 배우고 느낄 수 있음에, 누군가와 마음을 나눌 수 있음에 스며든 고요한 감정이었다.

그 감사가 나를 지탱했고, 다시 나아가게 했다. 빠르게 오르려는 욕심은 잦아들고, 하루를 견디는 힘이 마음 깊은 곳에서 자라났다. 넘어져도 다시 일어서려는 마음, 포기 대신 한 걸음 더 내딛는 용기, 그것들이 모여 내 삶을 다시 세웠다.

뒤처졌다고 여겼던 시간은 낭비가 아니라 숙성의 과정이었고, 체념처럼 느껴졌던 순간은 간절히 살아가도록 밀어붙이는 자극이었다.

늦음은 내게 속도를 늦추게 했지만, 그 느림 속에서 삶의 깊이를 배울 수 있었다. 그렇게 감사는 시간의 벽을 넘어 나를 이끌어 준 보이지 않는 다리가 되었고, 그 다리를 건너며 다시 살아 있는 나 자신을 만날 수 있었다. 그 길의 중심에는 언제나 감사가 있었다. 그것은 성취의 크기보다 오래 남는 힘이었고, 내면의 확신이었다. 눈에 보이는 결과보다 오늘 하루를 견뎌내며, 배우고 있다는 사실이 위로가 되었다. 감사는 삶을 밀어붙이는 추진력이 아니라, 지쳐 쓰러지려는 순간마다 다시 일어설 수 있게 하는 숨결이었다.

그 감사가 나를 멈추지 않게 했다. 포기하고 싶은 마음이 찾아올 때마다 '지금 이 순간에도 배울 수 있음'에 다시 일으켜 세웠고, 불안이 고개를 들 때마다 '아직 걸을 길이 남아 있음'이 희망이 되었다. 감사와 끈기는 서로를 불러내며 순환했다. 감사가 끈기를 만들고, 그 끈기가 다시 감사를 키웠다. 그렇게 두 힘은 나를 붙잡아 주며, 서두르지 않고도 앞으로 나아가게 했다.

늦음은 더디게 흐르는 시간의 변명이 아니라, 삶을 새로 써 내려가길 요청한 다른 문장이었다. 세상의 리듬에 발맞추지 못했기에 내 안의 리듬을 들을 수 있었고, 그 느림 속에서만 숨 쉬는 자각과 감사가 있었다. 남보다 늦게 출발했지만, 서두름이 걷히자 오래 머물며 볼 수 있는 것들이 눈에 들어왔다. 배움은 속도가 아니라 방향이었고, 의미는 도착이 아니라 여정 속에서 천천히 깊어지는 사유로 완성되었다.

늦게 걷는 길은 불안했지만, 그 불안조차도 내면을 깊게 다지는 과정이 되었다. 세상은 앞서가지만, 나는 내 속도로 삶을 이어간다. 서두름 대신, 머묾을 택했을 때 내 삶의 호흡이 들려왔다. 늦음은 멈춤이 아니라 다시 숨을 고르게 하는 쉼표였고, 그 틈에서 감사가 자라났다. 배우고 있다는 사실, 길 위에 서 있다는 사실, 그리고 오늘도 걸음을 이어갈 수 있다는 그 진실이 다시 살아 있게 했다.

쓰러진 뒤 다시 일어설 수 있었던 힘은 완벽한 의지나 강한 목표에서 오지 않았다. 모든 것을 잃은 자리에서도 배우고 있다는 사실 하나가 나를 붙잡았다. 속도를 내려놓자, 그동안 놓치고 지나쳤던 방향이 보였고, 경쟁의 무게를 내려놓자 성장의 의미가 다가왔다. 빠르게 성취하려는 마음이 사라지자, 작고 사소한 배움에도 감사할 수 있었다. 세상이 정한 시간표에 맞추지 못했지만, 나만의 리듬으로 걷는 것은 자유였다. 그 리듬이 무너지지 않게 지켜주었고, 나의 속도로 살아가는 용기를 주었다. 늦게 출발했지만, 그 늦음 속에서만 자라난 감사가 있었다. 그것은 조급함을 잠재우고, 불안 대신 신뢰를 심어 주었다. 앞으로도 나를 움직이게 할 힘이 있다면, 그것은 다름 아닌 그때의 깨달음, 늦음 속에서 마음 깊이 우러난 감사일 것이다.

3. 감사로 완성되는 삶

💡 감사가 열어 준 새로운 길

모든 것을 잃고, 다시 시작할 이유조차 보이지 않던 날들. 숨을 쉬고 있었지만, 살아 있다는 감각도 사라져 있었다. 하루를 시작하는 일은 절벽 끝에 서 있는 듯했다. 그때의 나는 단지 오늘만은 무너지지 말자는 다짐, 그저 버텨야 한다는 생각 하나로 하루를 이어갔다. 그러나 시간이 흘러 깨달았다. 그 절망의 밑바닥에도 작게 빛나는 무언가가 있었다는 것을. 완전히 사라졌다고 믿었던 그곳에서조차, 삶은 나를 향해 미세한 숨결로 말을 걸고 있었다.

처음엔 그 미세한 흔적이 무엇인지 알 수 없었다. 하지만 아주 느리게, 고통 속에서 한 줄기 빛처럼 스며드는 감정이 있었다. 그것이 바로 '감사'였다. 감사는 위로가 아니라, 삶을 다시 열어 주는 새로운 시작이 되었다.

삶을 사랑한다는 건 좋은 날만 껴안는 일이 아니었다. 지워지지 않는 흔적들까지 삶의 일부로 받아들이는 용기였다. 다시는 마주하고 싶지 않던 기억을 품어내고, 고통의 그림자 속에서도 남아 있는 선한 마음을 발견하는 일, 그 모든 것이 진정한 사랑의 형태였다.

삶을 사랑한다는 건 좋은 날만 붙드는 일이 아니었다. 지워지지 않는 흔적들까지 끌어안는 용기였다. 다시는 마주하고 싶지 않던 기억을 품어내고, 고통의 그림자 속에서도 남아 있는 따뜻함을 찾아내는 일. 그 모든 과정이야말로 진정한 사랑의 형태였다. 고통을 지우는 것이 아니라, 그 안에서도 빛을 발견하는 일. 그렇게 감사는 닫혀 있던 마음의 문을 천천히 열어, 멈춰 있던 삶이 조금씩 방향을 바꾸며 다시 움직이기 시작했다.

브렌 브라운은 《불완전함의 선물》에서 "불완전함을 인정할 때 담대해진다"라고 말한다. 한때 그 문장이 낯설게 느껴졌다. 결핍은 드러내면 부끄러운 약점이라 믿었고, 상처는 숨겨야만 살아남을 수 있다고 생각했다. 그러나 감추려 할수록 마음은 더 좁아지고, 내면은 서서히 무너졌다. 스스로를 고립시켜, 세상과 단절된 벽을 쌓게 했다. 그 벽이 무너진 자리에서 알게 되었다. 불완전함을 인정할 때 감사가 피어나고, 그 감사가 삶을 사랑하는 법을 가르쳐 준다는 것을.

두려움이 사라져야 앞으로 나아갈 수 있는 게 아니었다. 두려움과 함께 걸으면서도 멈추지 않는 용기, 그게 삶을 이어가는 힘이었다. 흔들리더라도 계속 나아가는 태도 속에서 강인함이 자라났다. 삶을 사랑한다는 건 흠집 없는 상태를 지키는 일이 아니었다. 그 흠집과 함께 살아가는 일이었다. 모자람을 숨기지 않고 드러낼 때 관계는 더 깊어졌고, 마음은 더 단련되었다. 불완전함은 부끄러움이 아니라, 인간으로 살아간다는 가장 분명한 증거였다.

넘어진 자리에서 다시 일어서며 조금씩 자신을 받아들였다. 흔들려도 다시 중심을 찾으면 충분하다는 깨달음이 서서히 마음에 스며들었다. 상처로 남았던 흔적들은 결핍의 표식이 아니라, 끝내 살아냈다는 증명이 되었다. 그것들을 감추지 않고 마주한 순간, 부끄러움은 사라지고 삶의 무게가 깊이 뿌리내렸다. 흉터는 실패의 흔적이 아니라, 다시 일어선 걸음의 기록이었다.

그 자국들이 모여 본래의 모습으로 되돌려 놓았다. 넘어진 끝에서 매일 되뇌었던 짧은 다짐들이 마음의 중심을 세웠고, 지친 몸을 일으켜 세운 하루하루가 믿음의 증거가 되었다. 그 믿음은 감사에서 비롯된 힘이었다. 있는 그대로 받아들이고, 살아갈 수 있음에 감사할 때, 삶은 다시 앞으로 나아가기 시작했다. 끝내 포기하지 않고 다시 일어설 수 있었음에, 또 하루를 맞이할 수 있었음에 감사했다. 감사는 무너진 자리에서도 삶의 끈을 놓지 않게 했고, 보이지 않던 가능성을 밝혀 주었다.

💡 다시 일어서게 한 순간

한동안 나는 내 삶의 운전석이 아닌 뒷좌석에 앉아 있었다. 세상의 속도와 타인의 시선에 끌려가며, 스스로의 길을 선택하기보다 정해진 흐름에 따라가는 승객처럼 살아갔다. 삶이 흔들렸을 때, 그 사실은 여지없이 드러났다. 방향을 잃은 채 떠밀리듯 살아가고 있었다. 그러나 어느 순간 깨달았다. 삶을 되찾는다는 것은 상황을 통제하거나 모든 것을 계획대로 움직이는 일이 아니라, 다시 나의 의지로 방향을 정하는 일이라는 것을.

다시 운전대를 잡는 일은 쉽지 않았다. 두려움은 곁에 있었고, 앞길은 안개처럼 흐렸다. 하지만 남이 정해준 길이 아니라, 스스로의 신념과 가치로 나침반을 세우는 일. 때로는 멈추어 숨을 고르기도 했고, 때로는 예상치 못한 길로 방향을 틀기도 했다. 흔들림 속에서 분명한 것은 단 하나였다. 느려도 좋았다. 그 길 위에서 다시 운전대를 잡은 사람은 바로 나 자신이었다는 것이다.

삶을 다시 주도하기 시작한 그 순간부터, 실패는 두려움이 아니라 배움의 흔적이 되었다. 길을 잘못 들어도 다시 돌아올 수 있었고, 멈춰선 시간마저 의미를 품기 시작했다. 내가 선택한 길을 걷고 있다는 그 사실 하나만으로 충분했다. 그것이야말로 다시 일어서게 한 순간이었다. 넘어진 이후의 출발선은 분명 과거와 달랐다. 다시 걷기 시작한 지금은 외부의 기대나 비교는 연료가 되지 않는다. 스스로를 존중하기 위해 달리고, 내가 세운 방향을 따라 한 걸음씩 걸어간다.

셰릴 샌드버그는 《옵션 B》에서 "삶은 우리가 선택하지 않은 상황 속에서도 선택할 수 있는 새로운 길이 있다"라고 했다. 그 말은 나의 현실과도 닮아 있었다. 새로운 출발선은 어느 날, 기적처럼 주어진 것이 아니었다. 상실과 두려움을 지나, 스스로 다시 선택했기에 열린 길이었다. 낯설고 불안했지만, 운전대를 다시 잡은 순간 삶은 다른 방향으로 움직이기 시작했다. 이제는 목적지가 아닌 과정이 중요해졌다. 누구보다 빠르게 도달하지 않아도 괜찮았다. 때로는 멈춰 숨을 고르고, 때로는 방향을 바꾸어 돌아가도 된다. 중요한 것은 나 스스로의 두 손으로 운전대를 잡고 있다는 사실이다. 그 길이 남이 아닌 나의 길이라는 확신, 그것이 다시 살아가게 하는 가장 확실한 힘이었다.

새로운 출발선은 누구도 대신 걸어줄 수 없는, 오직 나의 길이었다. 누군가의 기준이나 시선이 아닌, 나의 의지로 내딛은 첫걸음이었다. 작은 결정 하나라도 스스로 내릴 수 있다는 사실이 내 삶을 다시 주체로 세워 주었다. 운전대가 내 손에 있다는 것, 그리고 그 길이 나만의 길이라는 사실 하나만으로 이미 충분했다. 돌아보면 삶의 모든 흔들림과 좌절, 늦은 걸음과 넘어짐이 서로 다른 모습으로 다가왔지만, 그 모든 경험은 결국 나를 이 자리까지 이끌었다. 절망의 시간을 지나며 배운 것은, 다시 일어서는 힘이 아니라 다시 살아보려는 마음을 포기하지 않는 일이라는 것을.

절망의 시간은 잔인했다. 그러나 그 시간을 통과하며 삶이 무엇으로 지탱되는지를 배웠다. 그동안 무심히 스쳐 지나갔던 작은 인연들, 따뜻한 말 한마디, 그리고 나 자신에게 건넨 다짐이 삶의 끊어진 숨결을 다시 이어 주었다. 큰 변화나 눈부신 성취가 아니었다. 나를 다시 일으켜 세운 것은 매일의 평범한 순간마다 스며 있던 작은 감사였다. 그 감사는 버틸 힘이 되었고, 그 힘은 다시 걸어갈 용기로 바뀌었다.

새로운 출발이란 완전히 다른 삶이 주어지는 기적이 아니라, 같은 자리에서도 다시 선택할 수 있다는 믿음에서 시작된다는 것을. 어제의 상처와 오늘의 감사가 맞닿는 그 지점에서, 삶은 다시 움직이기 시작했다.

💡 감사로 이어진 삶의 여정

감사는 가장 어두운 자리에서도 빛을 잃지 않았다. 모든 것이 무너진 듯했던 순간에도, 감사는 보이지 않는 실처럼 삶을 이어 주었다. 끝이라 믿었던 자리에 고요히 스며든 감사는 절망을 덮지 않았다. 대신 그 절망의 밑바닥에 남아 있던 생의 의지를 일깨웠다. 상실과 좌절의 무게에 짓눌리던 마음에 다시 일어설 이유를 주었던 것은 아주 작고 진실한 감사였다.

벼랑 끝에 서 있던 날, 감사는 그때 이미 내 곁에 있었다. 살아 있다는 사실 하나만으로도 충분히 놀라운 기적이었다. 감사는 감정이 아니라, 삶을 다시 사랑하게 만드는 지속적인 의지였다. 감사는 상처를 지우지 않았지만, 그 상처의 의미를 바꾸어 놓았다. 과거의 실패는 짐이 아니라 배움의 증거가 되었고, 상실은 비워진 공간 속에서 새로운 가능성을 키워냈다. 아픔은 무너뜨린 흔적이 아니라, 다시 일어서게 한 발자취였다. 늦음은 후회의 시간이 아니라, 더 깊이 삶을 이해하게 한 여정이었다. 감사는 고통을 사라지게 하는 힘이 아니라, 고통을 다른 언어로 해석하게 하는 힘이었다.

그 모든 굴곡을 지나며 오늘을 살아낼 수 있게 했던 감사의 순간들이었다. 주저앉았던 날은 모든 것이 무너진 듯 보였지만, 그 자리에 새로운 시작의 씨앗이 숨어 있었다. 절망은 다시 시작할 수 있는 문턱이 되었고, 좌절은 성장의 씨앗이 되었다. 삶은 잃음을 피하며 사는 일이 아니라, 그 잃음 속에서도 의미를 길어 올리고, 그 의미를 감사로 이어가는 과정이라는 것을. 감사는 과거를 무겁게 짊어지게 하는 감정이 아니라, 미래를 준비하게 하는 토대였다. 그리고 그 토대 위에서, 다시 살아가는 법을 배웠다.

잃은 것은 돈이었지만, 배움을 통해 다시 살아가는 길이 열렸다. 상실은 고통이었으나, 동시에 삶의 본질을 비추는 투명한 거울이 되었고, 늦음은 걸림돌이 아니라 디딤돌이 되어 열매를 맺게 한 시간이었다. 남겨진 흔적은 상처가 아니라 다시 나아가야 할 이유가 되었다. 책임은 짐이 아니라 살아 있음의 증거였다. 그 모든 시간은 나를 더 진실한 자리로 이끌었다.

다시 걷기 시작한 길은 과거와 같지 않았다. 내 안의 목소리가 길을 결정했다. 성취의 크기로 자신을 재단하지 않았고, 하루를 살아낸 감사의 깊이로 삶을 평가했다. 내 삶을 지탱해 온 것도, 끝내 남은 것도, 앞으로의 길을 밝혀 줄 것도 모두 감사였다. 두려움조차 살아 있다는 신호로 읽힌다. 감사는 나를 걷게 하고, 그 걸음이 또 다른 내일을 향해 길을 내고 있다.

죽음의 문턱에서도 놓지 않았던 공부는 후회 없는 삶의 증거였다. 그것은 세상과의 마지막 연결이자, 살아 있음을 확인하게 한 마지막 불빛이었다. 삶은 거센 파도 속에서 수없이 무너지고 다시 일어서는 끝없는 항해였다. 그러나 끝없이 밀려오는 고난의 물결 속에서도 나를 버티게 한 힘이 있었다. "왜 이런 고통 찾아왔는지 원망하지 마세요. 당신이 잃은 것보다 주님께 받은 은혜 더욱 많음에 감사하세요." 이 찬양의 고백은 내 삶이 가장 낮은 자리에 있을 때조차 무너지지 않도록 붙들어 준 손길이었다. 세상의 위로가 닿지 않는 어둠 속에서도, 이 한 구절은 믿음의 불씨가 되어 마음을 밝히고, 절망의 심연에서도 다시 일어설 힘을 주었다.

그 순간 깨달았다. 감사는 단지 고백이 아니라, 다시 살아가게 하는 숨결이었다. 잃음과 회복, 쓰임과 책임을 지나며 세상의 많은 것은 사라졌지만, 그 빈자리에 배움으로 다시 태어난 삶이 남았다. 100억은 사라졌으나, 그 대가로 얻은 것은 다시 살아갈 이유와 방향이었다.

그 두 번째 삶은 감사의 깊이로 완성되었다. 무너짐은 끝이 아니라 새로운 여정을 여는 출발선이었다. 그리고 그 여정의 첫걸음을 내딛게 한 힘, 그것은 무엇보다 감사였다.

　감사는 상실의 끝에서 피어난 기적이었다. 많은 것을 잃고 나서야 보이기 시작한 한 줄기 빛, 그 빛이 나를 다시 일으켜 세운 힘은 극복이 아니라 감사였다. 감사는 삶을 다시 움직이게 하는 시작이었고, 끝내 나를 다시 걷게 만든 하나님의 은혜였다.

에필로그

"감사는
다시 살아가게 하는 힘이었다"

모든 것을 잃은 날, 세상은 한순간에 낯설어졌다. 신뢰는 무너지고 자존은 흔들렸으며, 삶의 의미마저 사라진 듯했다. 그러나 시간이 지나며 깨달았다. 완전히 무너진 자리에도 여전히 남아 있던 것이 있었다. 바로 삶을 지탱하는 가장 근원적인 힘, 감사였다.

감사는 처음부터 위로가 아니었다. 그저 하루를 버티게 하는 미세한 숨결이었다. 그 숨결은 마음의 틈새로 스며들며, 무너진 삶의 조각들을 다시 이어주었다. 감사는 상실을 지워 주지 않았지만, 상실을 견디게 했다. 시리진 것들 대신, 아직 남아 있는 것을 바라보게 했고 그 안에서 삶을 다시 사랑할 이유를 찾아주었다.

죽음의 문턱에서도 공부를 놓지 않았던 이유는 더 많은 성취를 바랐기 때문이 아니었다. '배우고 있다'라는 그 사실 자체가, 살아 있음에 대한 또 다른 방식의 감사였기 때문이다. 늦음은 부족함이 아니라, 삶을 다른 속도로 이해하게 하는 선물이었다. 완벽하지 않아도 괜찮았고, 느려도 충분했다. 감사를 품은 배움은 나를 다시 일으켜 세운 가장 확실한 힘이었다.

감사는 결과가 아니라 태도였다. 누군가가 나를 구해주기를 기다리는 대신, 스스로 삶을 선택하게 하는 결심이었다. 세상이 무너져도 감사를 놓지 않는 사람은, 이미 다시 일어서고 있는 사람이다. 무너짐은 끝이 아니라 감사를 배울 수 있는 유일한 자리였다. 나는 그 자리를 통해 알게 되었다. 감사는 감정이 아니라, 삶을 다시 써 내려가게 하는 언어라는 사실을. 상실은 여전히 내 곁에 남아 있지만, 감사할 이유는 사라지지 않았다. 절망의 끝에서 만난 감사는 닫힌 문을 열어 새로운 길을 내주었고, 그 길 위에서 나는 비로소 깨달았다. 감사는, 다시 살아가게 하는 힘이었다는 것을.